Beywl u.a. · Evaluation im Alltag

Wolfgang Beywl, Roland Mecklenburg,
Jörg Richard, Theo Schneid, Martin Wonik (Hg.)

Evaluation im Alltag
Jugendverbände untersuchen
ihre Wirkungen

© 2001 Votum Verlag GmbH
Grevener Straße 89-91, D-48159 Münster

www.votum-verlag.de

Umschlag: KJM Werbeagentur, Münster
Druck: Fuldaer Verlagsagentur, Fulda

ISBN 3-933158-41-9

Die Deutsche Bibliothek – CIP-Einheitsaufnahme

Ein Titeldatensatz für diese Publikation ist bei
Der Deutschen Bibliothek erhältlich.

Inhalt

Vorwort　7

Teil 1

Evaluation – Spurensuche in der Geschichte der Jugendarbeit
Theo Schneid　10

Evaluation in die Jugendverbandsarbeitarbeit einführen – Hindernisse und Lösungsansätze
Wolfgang Beywl　17

Empfehlungen für die Evaluation in der Jugendhilfe　28

Glossar „Evaluation in der Jugendhilfe"　34

Aufgaben und Ziele des Wirksamkeitsdialoges
Klaus Schäfer　36

Die Organisation des Wirksamkeitsdialoges
Theo Schneid　42

Fragestellungen für die Evaluationen in den Arbeitsfeldern „Kinder- und Jugenderholung" sowie „Kooperation Schule und Jugendhilfe". Beschluss des Hauptausschusses des Landesjuggendringes NRW　50

Der Wirksamkeitsdialog und seine Organisation in der Arbeitsgemeinschaft der Evangelischen Jugend in Nordrhein-Westfalen – Bericht aus einem laufenden Verfahren
Roland Mecklenburg　52

Teil 2

Erkundung eines neuen Arbeitsfeldes – Evaluation der Falken Schülerclubs
Wulf Erdmann, Theo Schneid　68

Das Projekt „Erstmal Kommunalwahl – ab 16"
Landesjugendring NRW e.V.
Susanne Jendral　92

Kompetenzerwerb beim dritten Kursteil des Ausbildungsprogrammes für Kinder- und Jugendgruppenleiter/innen
Elke Fischer 112

Selbst&Evaluation für Ehrenamtlerinnen
Hanne Bestvater 137

Die Streetbasketball-Tour NRW
Martin Wonik 149

Teil 3

Die Perspektiven des Wirksamkeitsdialoges
Gespräch zwischen Klaus Schäfer (MFJFG), Christof Gilles (Landesjugendamt Rheinland) und Jörg Richard (Landesjugendring NRW), moderiert von Wolfgang Beywl 156

Die Autorinnen und Autoren 176

Vorwort

Dieser „Werkstattbericht" aus dem Wirksamkeitsdialog Jugendverbandsarbeit in Nordrhein-Westfalen zieht eine erste Zwischenbilanz aus verschiedenen Perspektiven. Die im Landesjugendring NRW organisierten Jugendverbände haben sich auf diesen Prozess der Wirksamkeitsklärung eingelassen und betrachten ihn weitgehend als eine Chance zur Erneuerung und Weiterentwicklung ihrer Arbeit. In diesem Buch wird grundsätzlich davon ausgegangen, dass ein Dialog über die Wirksamkeit von Aktivitäten nur sinnvoll auf der Grundlage von glaubwürdigen und nachvollziehbaren Evaluationen stattfinden kann. Das Buch „Evaluation im Alltag" klärt Voraussetzungen und veranschaulicht das Vorgehen.

Die Überprüfung von Wirkungen und Aktivitäten der Jugendarbeit ist an sich kein neues Thema. In Teil 1 skizziert Theo Schneid daher zunächst die Tradition der Jugendverbände beim Blick auf die eigene Arbeit. Wolfgang Beywl gibt eine kurze Einführung in ein praxisorientiertes Konzept der Evaluation, wie es auch einer vom Landesjugendring organisierten Fortbildung der Fachkräfte zugrunde liegt. Evaluation hat mit Ausbreitung der Qualitätsdebatte in der Jugendhilfe und mit dem Wirksamkeitsdialog, der in den neuen Richtlinien des Landesjugendplanes NRW festgeschrieben ist, an Aktualität gewonnen. Klaus Schäfer, Gruppenleiter „Jugend" im zuständigen Landesministerium, arbeitet die Idee des Wirksamkeitsdialoges als Qualitätsprozess heraus, Theo Schneid erläutert seine Aufgaben und Fragestellungen. Roland Mecklenburg gibt einen ersten Einblick in das anlaufende Verfahren vor dem Hintergrund eines Jugendverbandes auf Landesebene.

In Teil 2 werden Berichte über erste abgeschlossene Evaluationen aus verschiedenen Arbeitsfeldern der Jugendverbandsarbeit vorgestellt. Durch die abgedruckten Erhebungsinstrumente und die beispielhaft vorgestellten Ergebnisse entsteht ein Eindruck über die vorhandenen Chancen und erzielbaren Vorteile, aber auch die Klippen, die Evaluation im Alltag der Jugendverbandsarbeit zu meistern hat. Diese Untersuchungen, die überwiegend von pädagogischen Praktikern/-innen selbst durchgeführt wurden, stammen bis auf eine Ausnahme – der Bericht von Elke Fischer aus Baden-Württemberg – aus Nordrhein-Westfalen.

In Teil 3 ist ein Gespräch zwischen Vertretern des zuständigen Ministeriums, dem Landesjugendamt und dem Jugendverbandsbereich über die bisherigen Erfahrungen, die sich daraus ergebenden Perspektiven für den Wirksamkeitsdialog und auch mögliche Risiken dokumentiert. Die hier wiedergegebenen Argumente können aus unserer Sicht den weiter zu führenden Dialog über Ziele und Wirkungen der Jugendverbandsarbeit anregen und sind damit auch als ein ganz praktischer Beitrag zur politischen Bildung zu verstehen.

Die Herausgeber

Teil 1

Evaluation – Spurensuche in der Geschichte der Jugendarbeit?

Theo Schneid

Die Einführung des Wirksamkeitsdialoges führte bei Trägern, und hier kann man feststellen nicht nur bei den Jugendverbänden, zu Unsicherheit und auch Abwehrreaktionen. Die Sozialarbeit und die Jugendarbeit wurden in den letzten Jahren mit neuen Begriffen, Konzepten, Modellen und Methoden überschwemmt, die oft mit einem Anspruch auftraten alles neu zu machen und nun endlich die Probleme zu lösen, die man schon immer lösen wollte. Viele solcher Neuheiten haben sich als sehr kurzlebig und letztlich auch als Etikettenschwindel entpuppt. Daher ist es verständlich, dass man hinter dem Wirksamkeitsdialog und dem damit verbundenen Begriff Evaluation Ähnliches vermutete.

Persönliche Erfahrungen mit einem neuen (alten) Begriff

Der Begriff Evaluation ist mir zum ersten Mal im Jahre 1990 während einer Studienreise in die ehemalige DDR bewusst aufgefallen. Es gab zahlreiche Gespräche mit Historikern und wissenschaftlichen Mitarbeitern an Universitäten und anderen Forschungsinstituten. Die Kolleginnen und Kollegen berichteten uns damals, dass allerorten Evaluationen durchgeführt würden, natürlich von „Westkollegen". Ziel dieser Evaluationen sei wohl, so wurde weiter berichtet, zu klären ob Fachbereiche, Studiengänge und Forschungsprojekte weiterhin sinnvoll seien oder nicht. Es fiel dann oft der Satz: „Wir werden wohl „weg-evaluiert!" Zugegebenermaßen hat das bei mir keine positive Einstellung zu diesem Begriff hervorgerufen. Außerdem wurde er zu diesem Zeitpunkt noch nicht in dem Arbeitsfeld der Jugendverbandsarbeit benutzt.

Hiltrud von Spiegels Buch „Aus Erfahrung lernen – Qualifizierung durch Selbstevaluation" von 1993 ist in meiner Erinnerung die zweite bewusste Begegnung mit dem Begriff. Das vorangestellte „Selbst" hat möglicherweise meine Skepsis etwas reduziert. Das Arbeitsfeld Jugendarbeit im Sinne des § 11 KJHG kommt in diesem Buch allerdings nicht vor. Meine Einschätzung war damals: Das Buch ist für die Jugendhilfe sicher nicht unwichtig, aber für meine unmittelbare Arbeit zur Zeit nicht relevant! Was mir jedoch aufgefallen war, Hiltrud von Spiegel hat im ersten Teil ihres Buches sehr deutlich gemacht, dass wir es keineswegs mit einem neu entwickelten Konzept zu tun haben, sondern dass Evaluation eine längere Geschichte vor allem in den USA hat. Sie hat Evaluation als Bestandteil des Qualifizierungsprozesses der Sozialarbeit eingeordnet, der ja im Wesentlichen Qualifizierung der Methoden der Sozialarbeit ist, und hat auch auf die Nähe zur Supervision hingewiesen.

Im Januar 1996 wurde dann auf einer Fachtagung in Bonn die „Bundesinitiative Qualitätssicherung in der Kinder- und Jugendhilfe" vorgestellt. Das erste Heft der QS Reihe wurde verteilt und der Titel war „Evaluation der kulturellen Kinder- und Jugendarbeit". Danach wurde mir klar, dass uns dieses Thema auch in der Jugendarbeit nicht mehr loslassen würde. Auch Jugendverbände würden sich der Qualitätsdebatte nicht entziehen können. Meine Skepsis gegenüber dem Anspruch pädagogische Prozesse quantitativ messen zu können war damit nicht beseitigt und meine Haltung war immer auch noch von der Überlegung beeinflusst, ob man Ausweichstrategien entwickeln könnte. Dies hing auch zusammen mit der oben schon erwähnten geradezu inflationären Welle von neuen Konzepten, die die Jugend- und Sozialarbeit überschwemmte. Der Markt der „neuen" Methoden war kaum noch zu überschauen. Dabei konnte man oft feststellen, dass einem die Elemente des angeblich „Neuen" verdächtig bekannt vorkamen und manchmal die Grenzen zur Scharlatanerie schon überschritten waren. Gelassenes Abwarten schien eine durchaus angebrachte Haltung, denn vieles verschwand ebenso schnell wie es aufgetaucht war, das Rad kann eben nur einmal erfunden werden.

Von November 1998 bis August 1999 habe ich an der Fortbildung „Evaluation in der Jugendhilfe" im Jugendhof Vlotho teilgenommen, die von Wolfgang Beywl und Bettina Henze durchgeführt wurde. Dort habe ich ein Evaluationskonzept kennen gelernt, das mich von seiner Anwendbarkeit und Nützlichkeit für eine Verbesserung der praktischen Arbeit überzeugt hat. Wolfgang Beywls kurze Definition von Evaluation lautet: „Erfahrungen systematisch für die Praxis nutzen". Praktiker, die einen Qualitätsanspruch haben, haben das schon immer getan oder zumindest versucht. Das Konzept kommt ohne den Anspruch aus, alles neu zu machen. Es bietet praktikable Verfahren, um ein Problem zu lösen mit dem man bisher nur unzureichend fertig geworden war, nämlich seine Erfahrungen *systematisch* für die Verbesserung der Praxis zu nutzen.

Dabei ist die Systematik bei der Datenerhebung und -auswertung für die Jugend- und Sozialarbeit etwas Neues, was entsprechend gelernt und eingeübt sein will. Aber auch hier wird kein Rad neu erfunden, sondern man nutzt bekannte sozialwissenschaftliche Methoden.

Jugendverbände haben eine eigene Tradition bei dem Blick auf die eigene Arbeit

In Gesprächen mit Kollegen, in denen ich ihnen die Möglichkeiten von Evaluationen erklären wollte, habe ich oft das Argument angeführt, dass es sich hier nicht um etwas grundsätzlich Neues handelt, sondern dass viele, die in der Jugendarbeit tätig sind, etwas mehr oder weniger systematisch betreiben und betrieben haben, das wir aktuell Evaluation nennen.

Beginnen wir mit einem einfachen Beispiel aus meiner Erfahrung bei den Pfadfindern, das war Anfang der 60er Jahre. Der Gruppenleiter hatte eine Kladde, in welcher der Verlauf der Gruppenabende aufgezeichnet wurde. Da wurde aufgeschrieben was man an dem Abend tun wollte. Damit hatte man die Voraussetzung geschaffen, dass man überprüfen konnte, ob man dies auch in der Gruppenstunde getan hatte. In den Gruppen wurden gelernt: Neue Lieder, Umgang mit Karte und Kompass, Knoten und Techniken für den Aufbau des Zeltlagers und vieles mehr. In der Kladde fanden sich Notizen über den Lernerfolg. Mussten bestimmte Sachen noch einmal geübt werden oder konnte man davon ausgehen, dass es jetzt alle können?

Aber Erinnerungen sind manchmal trügerisch, deshalb habe ich schriftliche Dokumente gesucht. Im Archiv der Arbeiterjugendbewegung habe ich Gruppenbücher gefunden. Die ältesten sind von 1946. Dort heißt es:

„8.IX.46 Nachmittagswanderung nach Untermainbach, ... Mittlerweile erfuhren wir, daß Wandergruppen vom Ernährungsamt eine Zuteilung an Lebensmitteln bekommen. Wir nahmen die Gelegenheit war und hatten Erfolg.
Teilnehmer 60 Kinder, 5 Helfer
15.IX.46 Tageswanderung nach Schopfhof, Abmarsch 8 Uhr vom Ostanger. Es war ein trüber und etwas kühler Tag, was aber die gute Stimmung der Kinder nicht vermindern konnte. Mit Musik und Gesang marschierten wir los ... Es gab Hausmachersuppe, geröstete Kartoffel und je ein Stück Margarinenbrot. Jeder wurde reichlich satt.
Teilnehmer 56 Kinder, 6 Helfer
29.IX.46 Nachmittagswanderung nach Schaftnach, ... Es bekam auch jeder ein Stück Margarinebrot.
Teilnehmer 26 Kinder, 6 Helfer
14.X.46 An diesem Tag überreichten wir dem Vorsitzenden des Kreisjugendausschusses die Lizenzanträge (4 Anträge, 5 Lizenzformblätter, vierfache Statuten und Programme in englisch u. deutsch und eine Chronik).

6.X.46 Nachmittagswanderung nach Untermainbach, ... Es konnte wiederum jeder ein Stück bestrichenes Brot erhalten.
Teilnehmer 18 Kinder, 2 Helfer
20.X.46 Nachmittagswanderung n. Ungenthal, Abmarsch 1/2 2 Uhr v. Ostanger. Wir verbrachten diesen Nachmittag vor allem mit Liedersingen. Ein Stück Butterbrot pro Kind wurde ausgegeben.
Teilnehmer: 80 Kinder, 6 Helfer.
Am 28.X.46 brachten wir einen Schaukasten an der Mauer der Stadtpolizei an, welcher uns vom Stadtrat genehmigt wurde. Den Schaukasten haben wir mit gemalten Bildern geschmückt, welche unser Leben und Treiben zeigen. Von nun an können alle Veranstaltungen im Schaukasten bekannt gemacht werden."[1]

Der Gruppenleiter hat nicht nur protokolliert, was er getan hat, sondern hat auch Wirkungen, Erfolge beschrieben. Zeitbedingt war die Versorgung mit Grundnahrungsmitteln ein wichtiges Erfolgskriterium.

Diese Formen der Dokumentation und Reflexion der eigenen Arbeit hatten je nach persönlichen Fähigkeiten unterschiedliche Qualität. Ein Gruppenbuch aus dem Jahre 1973 zeigt deutlich den Einfluss von Pädagogik- oder Sozialpädagogikstudenten. Bei einer Besprechung über die „*Weiterführung der Gruppe*" wurde „*übereinstimmend festgelegt:*
1. *Eine intensive Vorbereitung der Gruppenstunde*
2. *Nachbesprechung der Gruppenstunden*
3. *Gruppenbuch für die Gruppe*
4. *Gruppenbuch für die Helfer (mit Charakterisierung der Kinder, Kurzbeschreibung der Spiele)*
5. *Elternarbeit*".

Dann wurden Ideen für die Inhalte gesammelt und die „Ziele der Gruppenarbeit" beschrieben. Dort heißt es: „*Erzeugung von Solidarität, Aufbau oder Erweiterung des Gruppenbewußtseins, vor allem durch gemeinschaftliches Handeln, Selbständigkeit der Kinder (Herausgehen des einzelnen aus sich selbst)*".

Für die erste Gruppenstunde nach diesen Vorbereitungen waren „*Spiele und ev. anschließend Malen*" geplant. Das Spiel sollte das „*bewusste Zusammenspiel von geistigen und körperlichen Fähigkeiten*" und „*gemeinsames Hinarbeiten auf ein Ziel der einzelnen Gruppenmitglieder*" fördern. Geplante Spiele waren Hindernislauf, Streichholzschachtel auf der Nase weitergeben und Pfänderspiel. Das Ausdenken der Aktivitäten beim Pfänder auslösen sollte die Kreativität anregen.

Im Gruppenbuch findet sich auch der Bericht über die geplante Gruppenstunde: „*Entgegen unseren Erwartungen waren nur 5 Kinder anwesend. ..Der Hindernislauf konnte nicht durchgeführt werden mangels Masse an Kindern. Das Streichholzspiel scheiterte sehr schnell ... Dafür erwies sich das Pfänderspiel als sehr ansprechend für die Kinder und dehnte sich über den Rest der Gruppenstunde aus. ... Es zeigt sich bei fast allen Mangel an Phantasie über die Möglichkeiten von Aufgaben für die Aufgerufenen.*"[2]

Hier haben drei junge Leute, die eine Kindergruppe aufbauen wollten, **ihre Ziele beschrieben**, haben **festgelegt, wie sie diese Ziele erreichen wollen**, haben **ihre Praxis beschrieben** und dann darüber nachgedacht, **wie sie diese Praxis verbessern können**, sie haben, so würde man heute sicher sagen eine kleine Selbstevaluation durchgeführt. Es war aber wohl immer von dem Engagement und dem Interesse der einzelnen Gruppenleiter abhängig, ob sie die Energie aufbrachten ein solches Buch zu führen und mit welchem Anspruch es geführt wurde.

Überraschend war daher ein weiterer Fund im Archiv der Arbeiterjugend, das gedruckte Gruppenbuch, das etwa Mitte der 70er Jahre hergestellt wurde. Ein etwa 150 Seiten starkes Buch im DIN A 4-Querformat, in das man die Gruppenberichte schreiben konnte. Es gab ein kurzes Vorwort und eine kleine Anleitung für die Nutzung des Buches. Dort heißt es: „*Wir wollen eine alte Tradition der sozialistischen Gruppenarbeit wieder aufgreifen: Das Gruppenbuch. In diesem Gruppenbuch sollst du alle Ereignisse, die im Zusammenhang mit der von dir geleiteten Gruppe stehen, festhalten."* Im nächsten Absatz wird ein Argument entkräftet, das auch heute noch allen entgegengehalten wird, die versuchen Mitarbeiter zu Evaluationen anzuregen: *„Auf den ersten Blick sieht die Führung eines solchen Buches nach Mehrarbeit für Euch aus. Beim genaueren überdenken wird Dir aber klar werden, daß die genauen Eintragungen eine große Hilfe bei Eurer Arbeit sein werden."*

Unter dem Titel *„Was gehört zu einem Gruppenbericht?"* heißt es dann: *„Haltet Euch bitte bei Euren Berichten an folgende Gliederung:*
1. Ziel – Was war das Ziel des Gruppenabends? Thema des Abends? Was wolltest du erreichen?
2. Inhalt – Mit welchem Inhalt hast du das obengenannte Ziel vermittelt?
3. Methode – Wie hast du den Gruppenabend methodisch vorbereitet?
4. Auswertung – Hast du das Ziel, was du dir gesteckt hast, verwirklichen können? War die Gruppe aufmerksam? Hatte sie andere Interessen? War das Thema abstrakt? Wie sind deine methodischen Ansätze angekommen? Was würdest du das nächste mal anders machen?
5. Was planst du für den nächsten Gruppenabend?
6. Gruppenmitglieder – Welche Gruppenmitglieder waren heute nicht da? Wer war neu in der Gruppe?"[3]

Ich denke, dass solche Funde nicht nur bei den Falken möglich sind, sondern das alle Jugendverbände bei der Dokumentation und Auswertung ihrer praktischen Arbeit eine Tradition haben. Der neue Begriff Evaluation und das dazu gehörende methodische Instrumentarium können hier helfen, diese Tradition wieder zu rekultivieren. Der inhaltlichen Arbeit der Verbände kann dies nur nutzen.

Wirkungen und Wirksamkeit in der jugendpolitischen Diskussion

Bei meinen Nachforschungen ist mir darüber hinaus aufgefallen, dass die Diskussion über Wirkung und Wirksamkeit ebenfalls nicht so neu ist.

Wolfgang Müller fordert 1965: „Eine allgemeine Theorie der Jugendarbeit muss mindestens versuchen, gleichzeitig und erschöpfend Auskunft auf die Fragen zu geben, welche Personen und Personengruppen an dieser Jugendarbeit beteiligt sind, in welchen Einrichtungen und Maßnahmen sie stattfindet, was die Beteiligten tun, wenn sie Jugendarbeit machen, wie sie es tun, warum sie es tun und welche erkennbaren und nachprüfbaren Wirkungen dabei auftreten."[4] Es bleibt allerdings offen wie man diese Fragen beantworten soll, wer die Datenerhebung durchführen soll. In der Regel wird diese Forderung an die Jugendforschung delegiert, wie das auch in der folgenden Äußerung passiert. Sie stammt aus der Diskussion um den Bundesjugendplan aus dem Jahre 1970. „Staatliche Förderung wird unsolide, wenn sie nicht nach dem Erfolg fragt. Man kann nicht Jahre hindurch den Steuerzahler zur Kasse bitten, ohne Rechenschaft zu geben, ob der finanzielle Einsatz gerechtfertigt ist. Damit stellt sich das

Problem der Effizienzkontrolle auch für den Bundesjugendplan. Die Verantwortung der Träger für Sinn und Nutzen der von ihnen mit Hilfe des Bundesjugendplanes durchgeführten Aktivitäten enthebt den Staat nicht der Notwendigkeit, auch seinerseits um ein objektives Bild dessen, was seine Hilfen bewirkt haben, bemüht zu sein. Bloße Zahlenangaben und Statistiken, so notwendig und eindrucksvoll sie sind, reichen dafür nicht aus – im Übrigen weiß jeder Kenner, wie mühsam es ist, selbst diese Angaben zusammenzubekommen – erforderlich ist eine Bilanz, die mehr erkennen lässt als den Nachweis rechnerisch richtiger und formal zweckentsprechender Verwendung der Mittel. Hier stehen wir noch am Anfang; das Problem einer zuverlässigen Effizienzkontrolle ist bisher nur in Ansätzen gelöst und bedarf weiteren ernsthaften Bemühens. Eine wesentliche Aufgabe kommt dabei der Jugendforschung zu; ..."[5]

Helmut Kentler forderte 1970 unter der Überschrift „Wer fördert Rebellen?"

„1. *Keine Förderung ohne Wirkungskontrolle.* Ich halte es nur dann für sinnvoll, Gelder zur Förderung der Jugend auszugeben, wenn sicher ist, was dabei herauskommt. Eine wissenschaftlich fundierte Wirkungskontrolle ist aber nur möglich, wenn dafür eigene Etatmittel zur Verfügung stehen. Anregen möchte ich, dass zunächst in einigen Schwerpunkten wissenschaftliche Begleituntersuchungen ermöglicht werden. Jugendverbände, Tagungsstätten, vielleicht auch einige Jugendämter in Großstädten sollten Wissenschaftler, deren Unabhängigkeit und Objektivität besonders gesichert ist, beauftragen können, ihren Arbeitserfolg kritisch zu untersuchen."[6]

Unter der Überschrift „Wirkungsanalyse und Fachlichkeit" heißt es im Jahrbuch der Sozialarbeit 1978: „Um die Jugendarbeit effizienter zu gestalten, soll nach dem Diskussionsentwurf[7] stärkeres Gewicht als bisher auf die Erforschung der Wirkungen und Erfolge der Jugendarbeit gelegt werden, um mit ihren Ergebnissen eine begründete Auswahl von Schwerpunkten bei der Förderung zu gewährleisten und die öffentliche Bedeutung der Jugendhilfe besser hervorheben zu können. Als erste Maßnahme hierfür ist eine jährliche Berichterstattung im Zusammenhang mit der Nachweisführung über die verwendeten öffentlichen Mittel, über Daten, Zahlen und Erfahrungen, „die eine Analyse der Förderungswirkungen ermöglichen können", in Aussicht genommen. Die Organisationen der Jugendhilfe, die selbst den Mangel an wissenschaftlich reflektierter Praxis am deutlichsten empfinden, begrüßen die Ausweitung der Erforschung der Wirkungsbedingungen von Jugendarbeit grundsätzlich."[8]

Es ist hier nicht der Ort um zu überprüfen, inwieweit die Jugendforschung sich dieser Aufgabe gestellt hat. Die Art und Weise, wie heute teilweise die Qualitätsfrage als neue Herausforderung für die Jugendhilfe gesehen wird, könnte die Meinung fördern, Jugendforschung habe hier nichts oder nicht viel getan. Ich denke, das ist nicht der Fall. Mein Eindruck ist, dass bei den Akteuren der Jugendarbeit das historische Gedächtnis manchmal lückenhaft ist. Der Anspruch, oder auch der Druck innovativ zu sein lässt offensichtlich schnell vergessen. Dem sollte dieser Beitrag etwas gegensteuern.

Anmerkungen

1 Kursiv gesetzter Text ist zitiert aus dem „Tagebuch der Jugendgruppe Die Falken Ortsgr. Schwabach" SJD-MF-SC-22/1
2 Kursiv gesetzter Text ist zitiert aus dem Gruppenbuch „Gruppe Hans-Georg und Ilse": SJD-NO-R-22/1
3 Gruppenbuch. Die Falken, Sozialistische Jugend Deutschlands, Kreisverband Köln, SJD-MR-K-22/1
4 C. Wolfgang Müller: Versuch 1. In: Müller, Kentler, Mollenhauer, Giesecke: Was ist Jugendarbeit? Vier Versuche zu einer Theorie. München 1970^5
5 Georg Flor: Der Bundesjugendplan heute. Neue Richtlinien – aktuelle Probleme. In: deutsche jugend, „20 Jahre Bundesjugendplan", heft 11, november 1970, S. 520
6 Helmut Kentler: Wer fördert Rebellen?. In: deutsche jugend, „20 Jahre Bundesjugendplan", heft 11, november 1970, S. 531
7 Gemeint ist ein Papier des Bundesministeriums für Jugend, Familie und Gesundheit: Perspektiven zum Bundesjugendplan. Diskussionsentwurf, Stand Oktober 1975
8 Heinrich Eppe, Erwin Jordan: Jugendförderung als Instrument staatlicher Jugendpolitik. In: Jahrbuch der Sozialarbeit 1978, Hamburg 1977, S. 296

Evaluation in die Jugendverbandsarbeit einführen – Hindernisse und Lösungsansätze

Wolfgang Beywl

Unter Evaluation verstehen wir die systematische Beschreibung und Bewertung von geplanten Aktivitäten, Maßnahmen, Veranstaltungen oder Programmen auf der Basis empirisch gewonnener qualitativer und quantitativer Daten. Evaluation soll dazu beitragen, Jugendverbandsarbeit zu verbessern oder über sie Rechenschaft abzulegen. Dieser Beitrag formuliert Ideen, wie die mit Evaluationen verbundenen Risiken gemindert und wie die Chancen, die Evaluation für die Jugendverbandsarbeit bietet, genutzt werden können. Die kurze kommentierte Literaturliste weist hin auf praktische Leitfäden zur Evaluation.

Evaluation heißt empirische Daten erheben

Empirische Daten werden durch die Sinne erfasst, d. h. durch Sehen (Beobachtung), Hören (Befragung), Anfassen und Verschieben (Inhaltsanalyse). Solche Daten sollen stärker als bisher eine Rolle spielen (a) bei Planungen, (b) bei der Bewertung von Maßnahmen und Veranstaltungen der Jugendverbandsarbeit und (c) bei Entscheidungen über ihre Finanzierung. Die Daten treten neben Wertüberzeugungen der Träger und Aktiven („wie es sein sollte") und theoretische Modelle der Jugendarbeit („wie man zum Gewünschten hin kommt"). Dieses „Spekulative" hat neben den Empirischen seinen eigenen Wert.

Der Umgang mit Daten in der Jugendverbandsarbeit ist nichts Neues. Es hat jedoch eine Akzentverschiebung in den Zwecken stattgefunden, für die empirische Daten genutzt werden sollen: Es waren bislang vorrangig *begründende* Daten aus dem gesellschaftlichen Umfeld der Jugendverbandsarbeit, sei es aus So-

---

Zwei Arten von Daten in der Jugendverbandsarbeit

Begründende Daten zur Geburtsstärke von Jahrgängen, zum Mädchenanteil oder zu ausländerfeindlichen Übergriffen pro Jahr sind Grundlage für längerfristige Planung und Konzeptentwicklung oder auch für politische Entscheidungen über die Einführung neuer Maßnahmen (z.B. geschlechtsspezifische Ansätze, Benachteiligtenprogramme ...).
Belegende Daten zu den Strukturen, Prozessen und Ergebnissen der Jugendverbandsarbeit machen transparent, wie viele Ressourcen eingesetzt wurden, wie viele teilgenommen haben, welche Gruppen genau teilgenommen haben, wie zufrieden die Teilnehmenden waren und was bei den Zielgruppen durch die jeweiligen Maßnahmen ausgelöst wurde.

zialstatistik, Umfragen, Jugendstudien oder örtlicher Jugendhilfeplanung. Nun werden *belegende* Daten zunehmend wichtig, die Auskunft geben über den Ablauf, die Ergebnisse oder Wirkungen der Jugendverbandsarbeit selbst.

Spekulation und Empirie ergänzen sich: Wenn z. B. die geschlechtsspezifische Schulung der Nachwuchsleiterinnen dazu führt, dass sich der Anteil aktiver Gruppenleiterinnen tatsächlich erhöht. Dabei kann die Empirie auch im Gegensatz zum Spekulativen stehen, z.B. wenn trotz Anti-Gewalt-Training der Teamer die Anzahl von schweren körperlichen Angriffen im Ferienlager konstant bleibt.

Empirie kann auf Brüche in meinen Konzepten hinweisen und grundlegende Veränderungen in meinem Vorgehen auslösen. Oder die Daten belegen, dass ich meine Ziele mit den richtigen Mitteln verfolgt habe und ich sie deshalb in einem zufrieden stellenden Maße erreicht habe.

Eine Evaluation planen

Gerade in der Jugendverbandsarbeit, in der viele autonom Handelnde auf freiwilliger Basis kooperieren, sollten Evaluationen partizipativ angelegt sein. Ins Methodische umgesetzt erfordert dies, den Plan oder das Design der durchzuführenden Evaluation zwischen den wichtigen Beteiligten & Betroffenen auszuhandeln:

In der ersten Evaluationsphase geht es darum festzulegen und abzugrenzen, was genau evaluiert also beschrieben und bewertet werden soll. In der Fachsprache der Evaluation heißt dies „Bestimmung des Evaluationsgegenstandes". Normalerweise handelt es sich um Maßnahmen (z. B. Ferienfahrten, Hausaufgabenbetreuung) der Veranstaltungen (z. B. Sportevents, eine Disco, eine Podiumsdiskussion mit Politikern), die sich unmittelbar an die Zielgruppe Kinder und Jugendliche richten. Oder die geplanten Aktivitäten wenden sich an Multiplikatoren (Haupt- und Ehrenamtliche), die z. B. weitergebildet werden oder neu für die Jugendverbandsarbeit gewonnen werden sollen (z. B. Gruppenleiterfortbildungen oder Präsentation des Verbandes bei lokalen Ereignissen). In der Evaluation werden diese verschiedenen Formen geplanter Aktivitäten, die sich an ein bestimmtes Zielpublikum richten, mehr oder weniger ausdrückliche Ziele erreichen sollen und dafür Ressourcen (Mitarbeitende, Geld, Räume ...) einsetzen, „Programme" genannt.

Es werden „Programme" evaluiert

Evaluationsgegenstand ist meist ein Programm, d.h. ein Bündel von Maßnahmen, bestehend aus einer Folge von Aktivitäten, basierend auf einem Set von Ressourcen, gerichtet auf bestimmte bei bezeichneten Zielgruppen zu erreichende Ergebnisse (outcomes). Ein Programm besteht aus einem verschriftlichten oder verabredeten Plan oder Entwurf und dessen Umsetzung in Praxis oder Handeln.

In der ersten Evaluationsphase stehen folgende Aufgaben an:
- Der Evaluationsauftrag, der durch einen Externen (z. B. einen Finanzier der Jugendarbeit), der durch interne Vorstände oder Vorgesetzte oder der durch das evaluierende Team selbst erteilt ist, wird konkretisiert: Welches Programm, welche Aktivitäten oder Maßnahmen sollen evaluiert werden? Welche Anforderungen der Förderrichtlinien, der eigenen Wertbasis oder der Fachlichkeit pädagogischer Arbeit sind zu beachten?
- Folgende Fragen sind in der Beteiligtenanalyse zu klären: Wer ist für die Planung und Umsetzung des Programms der Jugendarbeit verantwortlich? Wer finanziert es? Wer trägt die praktische Arbeit? Welches sind die Zielgruppen des Programms? Wer muss bereitwillig kooperieren, damit das Vorhaben gelingt?
- Nachdem die wichtigen Beteiligten und Betroffenen identifiziert sind, ist zu klären: Was erwarten Sie sich jeweils von der Durchführung des Programms? Welche (veränderten) künftigen Zustände (= Ziele) werden von welchen Beteiligten mit welchen Prioritäten mit dem Programm angestrebt? Welche Befürchtungen hegen sie in Bezug auf das Programm (Schwächen, unerwünschte Nebenwirkungen und Beeinträchtigungen)?
- Da der Informationsbedarf zum Programm in der Regel zu groß ist, um bei gegebenen Evaluationsressourcen vollständig gedeckt zu werden, muss eine Auswahl erfolgen. Aus der Gesamtheit der vorgebrachten Evaluationsfragestellungen sind daher diejenigen auszuwählen, die vermutlich den höchsten Informationsnutzen für die Adressaten des Evaluationsberichtes haben. Daher ist schon zu diesem Zeitpunkt für die einzelnen Fragestellungen zu klären: Wenn wir die Antworten auf diese Fragestellung haben – wie werden wird diese Informationen nutzen? Welche Handlungsoptionen stehen uns im Rahmen unseres Verbandes bzw. unserer regionalen Gliederung zur Verfügung? Haben wir tatsächlich die Zuständigkeit und die Mittel, solche Veränderungen durchzuführen? Was oder wer könnte die Nutzung der Evaluationsergebnisse behindern? Was oder wer kann die Beteiligten von einer Nutzung der Evaluationsergebnisse abhalten (Risikoanalyse)?

In der zweiten Evaluationsphase geht es um die *'Gewinnung von Informationen und Erkenntnissen'*.
- Zuerst werden bereits vorhandene Datenerhebungsinstrumente ausgewählt und ggf. angepasst auf die gestellten Fragestellungen oder es werden Erhebungsinstrumente neu entwickelt (Befragung, Beobachtung, Inhaltsanalyse, besonders aber Instrumente, welche in die pädagogische Arbeit eingebaut werden können oder die diese unmittelbar unterstützen).
- Nachdem die Instrumente durch Pretests auf Einsetzbarkeit überprüft sind, werden die Daten nach festgelegten Stichprobenplänen (oder: Vollerhebung) empirisch erhoben und erfasst, bei größeren Datenmengen mit Hilfe von Statistikprogrammen oder Tabellenkalkulationen oder – bei qualitativen Daten – mittels Textverarbeitung.
- Die Daten werden im nächsten Schritt ausgewertet. Bei qualitativen Daten ge-

schieht dies häufig durch Kategorienbildung und textnahe verbale Zusammenfassungen; bei quantitativen Daten durch Verdichtung in Häufigkeitsverteilungen, Diagramme aller Art, Kreuztabellen, Berechnung von statistischen Maßen (z. B. Mittelwert).
- Letzter und methodisch anspruchsvollster Schritt ist die auf Erkenntnisgewinn angelegte Interpretation der Daten: Wie kann die Antwort auf die gestellte Evaluationsfragestellung formuliert werden? Wie kann man Abweichungen von erwarteten Ergebnissen deuten? Wie kann man erklären, dass eine Teilgruppe von Jugendlichen die Maßnahme positiv einschätzt, eine andere negativ? – Es hat sich als vorteilhaft erwiesen, die Interpretation bereits *vor* der Datenerhebung zu simulieren oder wenn etwa 10% der zu erhebenden Daten vorliegen. Noch größere Sicherheit kann erreicht werden, wenn bereits im Evaluationsplan „Erfolgsspannen" festgelegt werden: Es wird ein Minimalwert und ein Optimalwert für den angestrebten Grad der Zielerreichung gesetzt (z. B. 'mindestens 40%, im Optimalfall 70% der zum Schnuppertag angemeldeten Jugendlichen sollen sich zur Jugendbegegnungsfahrt verbindlich anmelden'). Wenn die Angabe quantifizierter/zahlenmäßiger Bewertungskriterien nicht möglich ist, kann dies durch eine genaue qualitative Beschreibung des erwünschten Zielzustandes ersetzt werden („Erfolgsbild").

Die abschließende dritte Evaluationsphase – die *Ergebnisvermittlung* bereitet die gewonnen Informationen und Erkenntnisse für ihre praktische Nutzung auf und gibt sie in geeigneter Form an die vorgesehenen Adressaten weiter:
- Zuerst werden – die vorgesehenen Informationsnutzer stets vor Augen – Schlussfolgerungen formuliert, die auf den empirisch gewonnenen Informationen und erarbeiteten Erkenntnissen beruhen: Was am Programm soll geändert, was soll beibehalten werden? Welche Ziele sind zu hoch gesetzt, welche zu niedrig? Wie sind sie umzuformulieren? Wo könnten welche organisatorischen Maßnahmen Abhilfe schaffen (z. B. verändertes Zeitschema im Besetzungsplan für das Jugendbüro; optimiertes Verfahren zur Bildung von Zeltgruppen im Sommerlager)? Mit welchem Ziel, um welche Kompetenzlücke zu schließen, sollten Ehrenamtliche und Hauptamtliche fortgebildet werden?
- Jetzt ist zu klären, an wen welche Informationen und Erkenntnisse mit welcher Gewichtung weitergeben werden sollen: Was muss weitergegeben werden: Schlussfolgerungen und wichtigste zusammengefasste Informationen/Daten? Die Muster der Datenerhebungsinstrumente? Eine kurze Beschreibung des evaluierten Programms? Eine wie detaillierte Beschreibung des Erhebungsverfahrens, z. B. auch der Stichprobenplan? – Dies hängt, wie auch viele Entscheidungen in den ersten beiden Evaluationsphasen – ab vom Klima im Verband, vom Ausmaß an Interessen- und Wertkonflikten zwischen internen Beteiligten aber auch vom Ausmaß des Handlungsdruckes, der aus der politischen Umwelt oder von konkurrierenden, z. B. kommerziellen, Anbietern auf das Programm einwirkt.
- Schließlich ist zu klären, mit welchen Medien, in welcher Form die Untersu-

chungsergebnisse an die Adressaten/-innen vermittelt werden sollen. Geschieht dies durch einen schriftlichen Bericht? Von welcher Länge? Mit welchem Bild- oder Grafikanteil? Wird der Bericht durch mündliche Präsentationen ergänzt? Welche Art von Rückmeldung erhalten die Datengeber, also z. B. die befragten oder beobachteten Kinder und Jugendlichen?

Die letzte Frage deutet an, dass Evaluation in pädagogischen Gegenstandsfeldern eng verwoben ist mit der Umsetzung pädagogischer Programme. Bereits die Durchführung der Evaluation hat Wirkungen auf die Arbeit mit den Kindern und Jugendlichen. Bei der Planung von Evaluation ist also zu beachten, dass dieser „Prozessnutzen" der Evaluation möglichst hoch ausfällt.

Persönliche Ängste vor der empirischen Evaluation mindern

„Ich bin eine Kreativpädagogin, die im Bereich der offenen Jugendarbeit in einem Stadtteil mit vielen Aussiedlerjugendlichen arbeitet. Eine große Trägerorganisation, eine kleine Einrichtung. Im Zuge der neuen Qualitätssicherung soll ich ein Arbeitsplatzprofil bzw. eine Arbeitsplatzbeschreibung meiner Stelle ausarbeiten. Meine Sorge: dass ich mir damit selbst die Stuhlbeine absäge für meine Arbeit, denn ich bin die einzige Kunstpädagogin bei dem Träger und habe somit einen schweren Stand auch im Team. Auch ist eine Frage: Wozu gerade kreative Arbeit für diese Menschen? Wer bezahlt sie? Meine Frage an Sie: Welche Möglichkeiten sind bekannt, eine kunstpädagogisch-kreative Arbeit nachzuweisen bzw. zu evaluieren?"

Solche und ähnliche Befürchtungen haben wir in unseren Trainings- und Praxisberatungen immer wieder gehört. Meist gerade auch von sehr kompetenten Haupt- oder Ehrenamtlichen, die ganz offensichtlich über Arbeitserfahrungen und -erfolge mit oft schwierigen Zielgruppen verfügten.

Auch bei mir löst eine solche Anfrage Unsicherheit aus: Erlaubt denn die Kultur in den Verbänden und in den Teams nicht, sich gegenseitig die eigene Arbeit transparent zu machen, einschließlich der damit verbundenen Lernschleifen und Unsicherheiten? Macht man durch Evaluation gerade diejenigen angreifbar, die bisher im Stillen intensive und eng auf die Kinder und Jugendlichen abgestimmte Arbeit gemacht haben? Erhöht schließlich Evaluation den Leistungsdruck, verengt Spielräume für Ausprobieren und Weiterentwicklung?

Ich glaube, diese Gefahren sind real und es wird leider häufiger passieren, dass Evaluationen das Klima und die Zusammenarbeit verschlechtern. Evaluatoren und Evaluatorinnen denken schon lange darüber nach, wie sie ihre Arbeit verantwortlich und ethisch vertretbar durchführen können. Nachfolgend ein paar Tipps, ohne Gewähr auf Erfolg:
– Gehe davon aus, dass die Menschen, deren Veranstaltungen und Programme

bewertet werden, von sich aus nach Optimierung, Wirksamkeit, Erfolg bei der eigenen Arbeit streben; es kommt darauf an, dass sie sich dessen voll bewusst werden – unterstütze sie durch Evaluation dabei;
- verdeutliche, dass nicht die Personen empirisch bewertet werden (das könnte als beabsichtigte Bloßstellung empfunden werden), sondern ihre geplanten Aktivitäten oder pädagogischen Handlungen. Solche „Programmevaluation" schreibt die Personen nicht bewertend fest (so wie viele dies leidvoll noch aus der Schule kennen), sondern lässt ihnen Spielraum, sich ihre Handlungen aus der Distanz anzusehen, zu experimentieren, sich neu zu entscheiden;
- mache klar, dass nicht alles evaluiert werden soll und darf, sondern immer nur Ausschnitte aus der Arbeit, die sich gut abgrenzen lassen, die sich mit einer gewissen Gelassenheit beobachten lassen, bei denen nicht alles auf dem Spiel steht (deshalb sind „Herzthemen" wie z. B. Gewalt, Diskriminierungsfreiheit, Schulerfolg erst durch Evaluationserfahrene Erfolg versprechend bearbeitbar);
- bestehe darauf, dass die für die Maßnahmen und Programme Verantwortlichen (z. B. ehrenamtliche Teamer, hauptamtliche pädagogische Mitarbeiterinnen) bei der Festlegung der Evaluationsmaßstäbe mitwirken; optimal: dass sie diese selbst festlegen (mit begründetem Bezug zu den Leitzielen der Organisation, zu ihrem Auftrag, zu ihrer Stellenbeschreibung usw.);
- sei gewahr, dass es bei einem Programm multiple Realitäten gibt: Die verschiedenen Beteiligten und Betroffenen haben – je nach hierarchischer Stellung, Generation, biografischen Erfahrungen – sehr unterschiedliche Perspektiven auf das Geschehen: Wo der eine in einer stattfindenden Veranstaltung ein herzliches Zusammenkommen sieht, vermisst eine andere deren politische Durchschlagskraft usw. Diese Perspektiven und Werte kann Evaluation nicht angleichen oder gar nivellieren, sie kann sie deutlich machen und vielleicht so beschreiben, dass sie leichter besprechbar werden;
- verteidige den Grundsatz: Wer Daten gibt, sollte darüber informiert sein, für welche Entscheidungen, für welche Entwicklungsprozesse diese genutzt werden sollen. Datenerhebungen sollten so angelegt sein, dass möglichst viele DatengeberInnen (Befragte, Beobachtete ...) auch einen Nutzen für sich selbst in der Beteiligung an den Erhebungen erkennen (möglichst ein kurzfristiger: ein guter Interviewleitfaden unterstützt die Befragten bei der Selbstreflexion); Datenerhebungen ohne „augenscheinliche Gültigkeit", wo man gar nicht weiß, was mit einem da beim Ankreuzen von Dutzenden von Antworten passiert, sind hauptsächlich ärgerlich).

Bietet nicht gerade die Jugendverbandsarbeit einen hervorragenden Erprobungs- und Entwicklungsraum für Evaluation? Kann sie nicht Vor-Bild sein für Evaluationen und Bewertungsprozesse, die in voll verberuflichten Feldern der Jugendhilfe stattfinden werden oder in den Unternehmen, in denen die Jugendlichen und Ehrenamtlichen (später) arbeiten, und wo Kunden-, Lieferanten- und Mitarbeiterbefragungen ständig auf der Tagesordnung stehen? Dort ist der verantwortliche Umgang mit Daten oft noch lange nicht gesichert!

Mut braucht es schon dafür und auch Umsicht und Vorsicht, dass die Risiken einer selbst initiierten oder zumindest selbst verantworteten Evaluation nicht überhand nehmen. Mit dem richtigen Augenmaß betrieben wird Evaluation zu einer produktiven Kraft in der Jugendarbeit.

Bislang haben wir zwischen den beiden möglichen Hauptleistungen von Evaluation noch nicht systematisch unterschieden, auf die nachfolgend getrennt eingegangen wird.

Klären, ob es um Gestaltungs- oder Bilanz-Evaluation geht

Zwei Leistungsarten der Evaluation

- die summative oder Bilanz-Evaluation führt schnell zu Spannungen und Abwehr. Die Aufforderung z.B. von Vorständen oder von Geldgebern zur Rechenschaftslegung löst Rechtfertigungen aus, und dies gerade in der Jugendverbandsarbeit: – Basiseinheiten von Jugendverbänden (auf der Gruppenebene, der Stadtteil- oder Gemeindeebene) existieren oft gerade wegen der hohen Autonomie, die ihnen eingeräumt ist. Sie schöpfen aus dieser Selbständigkeit auch viel Motivation für ehrenamtliche Tätigkeiten. Wenn nun Geldgeber – sei es wie in Nordrhein-Westfalen das Jugendministerium oder sei es der Erwachsenenverband/die Kirche – auf der Basis empirischer Daten einen Nachweis anfordern, welche Wirkungen das verausgabte Geld hat, so löst dies vielfach Abwehr aus: Wieso jetzt? Wieso wir? Wieso auf diese Weise und mit diesen Methoden?
- die formative oder Gestaltungs-Evaluation gilt weithin als die sympathischere: Die Finanzierung eines Veranstaltungstyps oder eines bestimmten Programms ist gesichert; es wird fortgeführt. – Nun geht es darum, die Durchführung und/oder die Ergebnisse zu verbessern: Wie erreichen wir es, dass nachher noch mehr Kinder sagen, dass sie wiederkommen wollen? Wie können wir auslösen, dass Absprachen in der Jugendgruppe in höherem Maße auch eingehalten werden? Schaffen wir es, dass 80% der im Schülerclub betreuten Kinder um 16.00 mit den Hausaufgaben fertig sind? Bei allen diesen spezifischen Beispielen wird deutlich, dass man Evaluation einsetzt um mehr Erfolg zu haben, was einen zufriedener macht und weshalb man bereit ist, sich beim Planen der Evaluation, beim Sammeln der Daten, der Auswertung und beim Berichte-Schreiben anzustrengen.

Politische Risiken der summativen Evaluation in Potenziale umlenken

Evaluationen, die Finanzierungs- oder Personalentscheidungen begründen, werden meist als Bedrohung erlebt, als Bemäntelung von Kürzungen, die durch knappe öffentliche Haushalte ohnehin erzwungen werden. Selten werden sie als Chance gesehen, z. B. als erfolgreiche Gliederung eines Verbandes *mehr* Fördergelder zu erhalten als bisher. Auf den verschiedenen Ebenen der Verbände hat sich vielfach der empirisch nicht immer zutreffende Eindruck festgesetzt, die innerverbandliche bzw. die öffentliche Jugendförderung gehe kontinuierlich zurück, man befinde sich in einem dauerhaften Abwehrkampf, in dem jede einmal aufgegebene Position auf immer verloren ist. Auch manche hoffnungslose Position wird entschlossen verteidigt.

Summative Evaluation wird in aller Regel 'von oben' initiiert, von Stellen, die über Macht verfügen, da sie Fördergelder verteilen oder eine hohe Position in der Verbandshierarchie haben. Mit summativen Evaluationen sollen Ressourcenentscheidungen künftig empirisch fundiert danach getroffen werden, in welcher Maßnahme, in welchem Programm das meiste für Kinder und Jugendliche herauskommt: Durch welche Maßnahmen oder Aktivitäten werden für Zielgruppen die größten und nachhaltigsten Veränderungen ausgelöst? Wodurch erhalten sie die meisten Vorteile? Die Messung dieser Veränderungen bzw. Vorteile bei Zielgruppen (Outcome-Measurement) soll künftig zentrale Grundlage für Förderentscheidungen sein. Dem gegenüber sollen solche Kriterien zurücktreten wie tradierte politische Verteilungsschlüssel, politische Durchsetzungsfähigkeit der Jugendlobbyisten, persönliche Zugänge zu Spitzenpolitikern/-beamten sowie -funktionären.

Das Neue Leitbild heißt „Transparente Entscheidung auf der Basis gültiger Daten". Wenn dies misslingt, wenn Daten als geschönt, manipuliert, verzerrt ausgewertet wahrgenommen werden, dann gerät auch Evaluation in Verruf. Wenn das Vorhaben aber gelingt, gewinnt die öffentliche Jugendförderung sowohl in der Öffentlichkeit als auch gegenüber anderen, konkurrierenden Politikbereichen hohe Legitimation. Globale Kürzungen können verlangsamt oder vermieden werden oder es können zusätzlich Ressourcen erschlossen werden.

Zum Gelingen sind besonderes drei Voraussetzungen erforderlich:
a) Der Leistungsschwerpunkt der Evaluation muss klar festgelegt sein. Besonders schädlich sind als formativ ausgegebene Evaluationen, die nachher genutzt werden, um finanzielle Umverteilungen zu legitimieren. Ärgerlich ist es auch, wenn eine Evaluation rein summativ angelegt ist, den Datengebern aber versprochen wird, sie würden sicher auch einen Nutzen für die Verbesserungen der eigenen Arbeit daraus ziehen können. Oft ist es sinnvoll, dass formative Evaluation über einen längeren, manchmal 2- bis 3-jährigen Zeitraum, dazu beträgt, dass das Programm reift. Das Programm kann dann später – vielleicht von einem anderen Evaluationsteam – summativ evaluiert werden. Dies zu klären ist die strategische Aufgabe der Evaluation.
b) Die Daten selbst müssen gültig sein, d.h. sie geben ein glaubwürdiges und nachvollziehbares Abbild der Wirklichkeit in den Maßnahmen, bei den Zielgruppen usw. – dies ist die methodische Aufgabe der Evaluation
c) Die Entscheidungen werden erkennbar und glaubwürdig auf systematische Daten gestützt – dies ist die 'politische' Aufgabe des Geldgebers, der Jugendverbände und ihrer Zusammenschlüsse.

Gegenwärtig werden die unter b) und c) genannten Aufgaben gleichzeitig angegangen. Ohne Druck 'von oben' kommen Entwicklung und breite Nutzung von Evaluationsmethoden schwer in Gang, dies zeigt die Erfahrung der letzten Jahrzehnte. So lange diese Methoden nicht entfaltet und eingeführt sind, ist die Datengrundlage für politische Entscheidungen schwach und diese sind leicht angreifbar. Dies ist ein offensichtlich unvermeidbares Dilemma, und die Beteiligten müssen sehr aufmerksam und dialogbereit sein, bis denn nach einigen Jahren der Entwicklung und des Streitens Evaluation zur selbstverständlichen und geschätzten Methode für die Jugendverbandsarbeit geworden ist.

Verbesserung – formative Evaluation zur Weiterentwicklung von Jugendverbandsarbeit einsetzen

Die pädagogische Arbeit an der Basis ist vielfach ehrenamtlich geleistete Gruppenarbeit vor Ort. Die Arbeit wird selbstverständlich schon immer optimiert. Junge Ehrenamtliche werden in Gruppenleiter-Schulungen fortgebildet, sie machen eigene Erfahrungen, werten sie für sich und gemeinsam mit anderen aus. Sie nutzen dafür verschiedene Quellen – ihre eigenen Eindrücke, Rückmeldungen anderer Ehrenamtlicher und Hauptamtlicher, das formell oder informell gegebene Feedback der Kinder und Jugendlichen oder von deren Eltern. Die empirisch orientierte Evaluation (besonders wenn sie durch Fachkräfte und Ehrenamtliche selbst verantwortet wird, also als interne oder als Selbstevaluation) intensiviert und fokussiert diesen Prozess. Sie stellt einige neue Anforderungen, ist aber nichts grundsätzlich Neues und wird deshalb schneller akzeptiert als die summative Evaluation.

Die meisten Beispiele in diesem Buch stellen formative, intern gesteuerte Evaluationen dar (es gibt auch extern angeleitete/gesteuerte formative Evaluationen).

Daten erheben und auswerten

Um Evaluationen gut zu machen, muss gelernt sein,
- durchzuführende Maßnahmen und deren gewünschte Ergebnisse genau und detailliert so zu beschreiben,
  a) dass es leicht möglich ist diese zu erfassen und
  b) dass festgestellt werden kann, in welchem Maß die Soll-Werte tatsächlich erreicht werden, ob/mit welchen Abweichungen die Aktivitäten wie geplant umgesetzt werden („Evaluative *Planung* von Maßnahmen / Programmen")
- Erhebungen so anzulegen, dass sie mit geringst möglichem Zusatzaufwand gültige, wirklich informative Daten zur Verfügung stellen. Dies erfordert es insbesondere, mit Erhebungs- und Auswertungsinstrumenten umgehen zu können, die Erhebungen effizient durchzuführen und sich dabei auf die vorrangig zu erhebenden qualitativen oder quantitativen Daten zu konzentrieren („Evaluative *Untersuchung* von Maßnahmen/Programmen").

Einerseits müssen sich Verantwortliche in den Jugendverbänden Techniken und Instrumente aneignen, die ursprünglich aus der empirischen Sozialforschung stammen und sie auf evaluative Planung und Untersuchung anpassen. Für gültige und glaubwürdige Daten brauche ich stimmige Erhebungsinstrumente, sei es nun ein Fragebogen, ein Interviewleitfaden, eine Frageroute für die Gruppendiskussion oder ein Beobachtungsschema. Für die Auswertung gilt das Gleiche: Der Umgang mit der beschreibenden Statistik (Bestimmung von Mittelwerten, Zusammenfassung vieler Werte in wenigen Kategorien) oder die Ordnung und die übersichtliche Darstellung von Antworten auf offene Fragen ist ein zu lernendes/lernbares „Evaluationshandwerk".

Andererseits ist es wichtig, dass in den Verbänden eine Kultur des Dialogs über Ergebnisse der Evaluation entsteht. Dabei muss auch anerkannt sein, dass Evaluationen in der Regel nicht so „wissenschaftlich exakt" wie z. B. psychometrische Testverfahren angelegt sein können (so weit dies überhaupt möglich ist), da es schlicht an Ressourcen und Personal dafür fehlt. Daher ist es ratsam, Datenerhebungen auf bestimmte besonders wichtige Fragestellungen zu fokussieren, Datenerhebungsinstrumente kurz zu halten und Datenerhebungen schnell abzuschließen. Auch oder gerade wegen dieser auferlegten Selbstbeschränkung können Evaluationen nützlich sein, wenn es bei der Auswertung, der Interpretation und dem Ziehen von Schlussfolgerungen fair zugeht. Um dies zu gewährleisten, wird ein Verband oft nicht daran vorbei kommen, neutrale interne oder externe ModeratorInnen einzuschalten, wenn es um die Interpretation von Evaluationsergebnissen geht und um Schlussfolgerungen sowie praktische Konsequenzen.

Evaluation als Selbstverständlichkeit nehmen

Evaluation ist in der Pädagogik beileibe kein neues Konzept. Dabei steht sie auch in der Jugendverbandsarbeit am Anfang einer neuen Entwicklung. Bislang war sie eine Methode, die man sich – manchmal unter der gut klingenden Bezeichnung wissenschaftliche Begleitung – einmal leistete. Sie war etwas Besonderes, sie war Kür, war oft so etwas wie Kunst am Bau – eine schöne Dreingabe, die aber nichts oder doch sehr wenig zur konstruktiven Substanz des Gebäudes beitrug. Dies dürfte sich ändern: In einigen Jahren gehört Evaluation sicher ähnlich selbstverständlich zum methodischen Inventar der Jugendverbandsarbeit wie z. B. die Buchführung oder die Konzeptentwicklung. Sie wird zu einem tragenden Teil des Gebäudes – das dann hohen Qualitätsanforderungen genügen muss.

Bis dahin wird das Evaluationsgeschäft die Aktiven der Jugendverbandsarbeit fordern und sicher noch manche Kontroverse auslösen.

Die Beispiele aus diesem Buch veranschaulichen, wie Evaluationen so angelegt werden können, dass sie nützlich, durchführbar, ethisch vertretbar und hinreichend genau sind. Sie bieten den Lesern und Leserinnen vorrangig Orientierungsmöglichkeiten und keine fertigen Lösungen. Sie sollten für eigene Zwecke nicht einfach kopiert sondern auf die je besondere Situation im Verband angepasst werden. Die folgende Literatur kann dabei vielleicht helfen.

Literaturtipps

Kostenlos erhältlich sind beim BMFSFJ die „Materialien zur Qualitätssicherung" (Fax Nr. 02204-228828; Download über http://www.bmfsfj.de/infoc/inhaltØ43.htm). Hieraus besonders empfehlenswert:

QS 19 – Leitfaden für die Selbstevaluation und Qualitätssicherung (eine Sammlung von Instrumenten zur Steuerung von Evaluationen und für die Datenerhebung)

QS 21 – Zielfindung und Zielklärung – Ein Leitfaden – (eine Anleitung zur Formulierung von spezifischen, messbaren, akzeptablen, realistischen und terminierten Zielen, deren Vorhandensein eine empirische Evaluation erleichtert).

QS 29 – Zielgeführte Evaluation von Programmen – Ein Leitfaden – (ein schrittweise aufgebauter Kurs in zielgeführter Evaluation, in dem sowohl umsetzbare als auch fachlichen Ansprüchen genügende Methodiken vorgestellt werden [mit CD ROM; darauf u. a. ein Programm zur Erstellung, Erfassung und Auswertung von Fragebogen – GrafStat WIN]).

QS 23 – Qualitätsprofile verbandlicher Jugendarbeit und QS 26 – Vom Leitbild zur Kontinuierlichen Qualität (enthalten Beispiele für Qualitätsentwicklung unter Nutzung empirischer Methoden in der Jugendarbeit).

Ein Selbstlernbuch für Fortgeschrittene ist das „Handbuch der Evaluationsstandards" (Opladen, Leske und Budrich, 2. Auflage 2000), allerdings überwiegend mit Beispielen aus dem Schulbereich. (Für die Schulevaluation gibt es zahlreiche weitere praktikable Handreichungen, über die Verknüpfung von Schule und Evaluation in Internet-Literaturdatenbanken (z. B. http: //www.buchhandel.de/) leicht recherchierbar.)

Einen theoretischen Überblick gebe ich im Aufsatz „Programmevaluation in pädagogischen Arbeitsfeldern – begriffliche und konzeptionelle Klärungen" –; in: Klaus Künzel (Hg.), Internationales Jahrbuch für Erwachsenenbildung 27 (1999, Böhlau Verlag, Köln), „Evaluation der Weiterbildung", S. 29-48.

Menschen, die sich gründlicher mit statistischen Verfahren beschäftigen wollen, können zum Buch von Michael Monka und Werner Voß greifen: Statistik am PC – Lösungen mit Excel. München; Wien; 1999.

'Klassiker' der eng auf unmittelbaren Nutzen für die Praxis bezogenen Evaluationsansätze in der Sozialen Arbeit sind die von Maja Heiner herausgegebenen Bücher, z. B. Qualitätsentwicklung durch Evaluation (Lambertus Verlag, Freiburg 1996) und Experimentierende Evaluation (Juventa Verlag, Weinheim 1998).

Hiltrud von Spiegel, eine weitere Pionierin der Selbstevaluation, hat jüngst den Band „Jugendarbeit mit Erfolg" veröffentlicht. Er enthält Arbeitshilfen und Erfahrungsberichte zur Qualitätsentwicklung und Selbstevaluation und berichtet aus einem Modellprojekt des Landesjugendamtes (Votum Verlag, Münster 2000).

Zum Schluss noch ein ganz persönlicher Lesetipp: Aron Ronald Bodenheimer hat das Reclam-Bändchen „Warum? Von der Obszönität des Fragens" geschrieben (Stuttgart 1992). Für alle wichtig, die Kindern und anderen Menschen Fragen stellen und dies in Zukunft gut reflektiert tun wollen.

Empfehlungen für die Evaluation in der Jugendhilfe[1]

Einleitung

Es gibt verschiedene Gründe, die eigene oder die Arbeit anderer systematisch zu beschreiben und zu bewerten (evaluieren):
- Fachkräfte selber wollen wissen, was ihre eigene Arbeit bewirkt. Der Professionalisierungsstand in den Berufsfeldern der sozialen Arbeit ist so weit fortgeschritten, dass kaum jemand mit der Unterstellung, dass die Arbeit schon in Ordnung sei, zufrieden ist. Evaluation, besonders in der Form der Selbstevaluation, dient damit der Qualifizierung sozialer Arbeit.
- Politik als Institution, die öffentliche Mittel bereitstellt für Einrichtungen, Dienste und Maßnahmen in der sozialen Arbeit, will – je knapper die Mittel werden – umso genauer wissen, wie wirkungsvoll das verwendete Geld eingesetzt wird.
- Im Rahmen der Qualitätsdiskussion bekommt die Evaluation als eine Möglichkeit der Qualitätsentwicklung einen prominenten Stellenwert.
- Die zunehmende Einführung output-orientierten Verwaltungshandelns hat die Frage nach den Ergebnissen des Handelns in das Zentrum der Betrachtung gestellt.
- Gesetzliche Vorgaben, wie z. B. im SGB VIII, werden in Zukunft zunehmen und auch auf andere Leistungsbereiche übergreifen. Ebenso werden Förderungen stärker an Maßnahmen geknüpft werden, die die Auswirkungen der Förderungen plausibel beschreiben.

Diese Sachverhalte haben den Jugendhof Vlotho, die Bildungsstätte des Landschaftsverbandes Westfalen-Lippe für haupt- und ehrenamtlich Mitarbeitende der Jugendhilfe (Dr. Hilmar Peter), dazu bewogen, sich Ende 1997 mit Univation e.V. (damals noch „Arbeitsstelle für Evaluation pädagogischer Dienstleistungen der Universität zu Köln" – Dr. Wolfgang Beywl, Dipl.-Päd. Bettina Henze) in Verbindung zu setzen, um einen Qualifizierungskurs für Mitarbeitende in der Jugendhilfe zum Thema „Evaluation" zu konzipieren. Die Teilnehmenden sollten befähigt werden
- kleinere bis mittlere interne Evaluationen selbstständig zu konzipieren, fachgerecht durchzuführen und die Ergebnisse an die Adressaten innerhalb und außerhalb des Trägers zu vermitteln;
- für Evaluationen, die extern vergeben werden, Pflichtenhefte zu erstellen, Bewertungskriterien für Angebote zu entwickeln und die Durchführung nach Vergabe zu begleiten.

Von November 1998 bis August 1999 wurde im Jugendhof Vlotho ein erster Qualifizierungskurs mit 4 Blöcken à 3 Tage unter der Überschrift „Evaluation in der Jugendhilfe – ein Instrument der Qualitätsentwicklung" durchgeführt.

Dies war der erste Kurs dieser Art in der Bundesrepublik. Die Erfahrungen der Teilnehmenden waren durchgängig so positiv, dass sie sich im Anschluss an den Kurs in der Lage sahen, „Empfehlungen für die Evaluation in der Jugendhilfe" zu formulieren.

Solche Empfehlungen sind erforderlich, da im Umgang mit dem Instrument „Evaluation" in der Praxis weitgehende Unsicherheit besteht.

Empfehlungstext

An die Jugendhilfe werden zunehmend höhere Anforderungen im Hinblick auf die Qualitätsentwicklung gestellt. Stichworte sind: erhöhte Transparenz von Prozessen und Ergebnissen der durchgeführten Hilfen oder Maßnahmen, Nachweis der Wirksamkeit erbrachter Leistungen und bereit gestellter Produkte, verstärkte empirische Fundierung der Reflexionsfähigkeit von Systemen und Fachkräften, hohe Kundenorientierung und Partizipation, systematische Verknüpfung mit planerischen Ansätzen (insbesondere Jugendhilfeplanung). Beispielhaft genannt seien die Hilfen zur Erziehung (s. §§ 78 a-f, Sozialgesetzbuch VIII) oder der landesseitig initiierte Wirksamkeitsdialog im Rahmen des Landesjugendplans Nordrhein-Westfalen.

In dieser Situation halten wir es für erforderlich, Empfehlungen zur Einführung und Verbreitung von Evaluation in den Arbeitsfeldern der Jugendhilfe zu unterbreiten, bezüglich
1. Qualifikationsanforderungen an Evaluatorinnen
2. Zu gewährleistende Rahmenbedingungen für Evaluationen
3. Anzustrebende Standards für Evaluationen.

Die Berücksichtigung der nachfolgenden Empfehlungen soll sicher stellen, dass Evaluationen und ihre Befunde durch die Praxis der Jugendhilfe genutzt werden, indem sie Entscheidungen begründen, Verbesserungen auslösen und zur Erweiterung der fachlichen Wissensbasis beitragen.

1. Qualifikationsanforderungen an Evaluatorinnen

Es ist erforderlich, dass Evaluatorinnen fachlich qualifiziert und persönlich kompetent sind.

Vor allem sollen Evaluatorinnen fähig sein, den Nutzen von Evaluationen klar zu definieren. Sie sollen die Programmverantwortlichen dabei unterstützen, den Prozess und die Ergebnisse der Evaluation in ein planerisches Konzept einzubinden und Evaluation zu einem selbstverständlichen Arbeitsansatz ihrer fachlichen Leistungserbringung zu entwickeln. Sie müssen ebenso befähigt sein, fachlich zu klären, in welchem Maß Selbstevaluation bzw. Fremdevaluation (letztere entweder intern oder extern angelegt) jeweils geeignet sind für die gegebene Aufgabenstellung und zu dem Kontext passen, in dem die zu evaluierenden Programme, Leistungen, Hilfen oder Angebote durchgeführt werden.

Insbesondere sollen Evaluatorinnen über folgende Kompetenzen verfügen:
– evaluationsfachliche Kenntnisse insbesondere zur Formulierung von Fragestellungen und Evaluationszielen, zu quantitativen Datenerhebungsinstrumenten sowie deskriptiver Statistik und zu qualitativen Erhebungsverfahren und zu ihrer Auswertung
– Moderationsfertigkeiten, Fähigkeiten im Projektmanagement sowie Präsentationstechniken
– kommunikative Kompetenz, Konfliktlösungstechniken, Verhandlungsgeschick
– hinreichende Feldkenntnisse aus den jeweiligen Arbeitsfeldern der Jugendhilfe und auch quer zu Arbeitsfeldern, oder sie sollten sich diese kurzfristig aneignen, insbesondere um jugendhilfefachlich angemessene Fragestellungen und Bewertungsstandards formulieren zu können.

2. Zu gewährleistende Rahmenbedingungen für Evaluationen

Der Auftrag von Geldgebern, Trägern und obersten Leitungskräften, Evaluationen durchzuführen, insbesondere eine eventuelle formale Verpflichtung zur Evaluation, muss verbunden sein mit Initiativen der Information, Kommunikation, Motivation und Qualifizierung der Leitungs- und Fachkräfte. Hierbei müssen alle Ebenen der Organisation bzw. die bei der Planung, Durchführung und Auswertung von Programmen kooperierenden Stellen einbezogen sein. Der Stellenwert von Evaluation gegenüber anderen eingeführten oder in Einführung befindlichen Verfahren wie Neue Steuerung/Controlling oder Qualitätsmanagement soll in der Eingangsphase des Evaluationsprozesses geklärt werden.

Die Finanzierung von Evaluationen aus laufenden oder zusätzlichen Mitteln ebenso wie die Verankerung von Zuständigkeiten (z. B. in Aufgaben- oder Stellenbeschreibungen für interne Evaluatorinnen) sollte klar ausgewiesen sein.

Es soll dafür Sorge getragen werden, dass Reflexionsmöglichkeiten (kollegiale Beratung, Supervision, Coaching) für Evaluatorinnen vorhanden sind, dass geeignete Aus- und Fortbildungsangebote entwickelt und eingeführt sind und dass Ressourcen für Evaluationen existieren, welche insbesondere intern evaluierende Fachkräfte durch persönliche Beratung und durch technisches Know-how unterstützen.

Evaluation befindet sich in vielen Einrichtungen und Diensten in Entwicklung. Um überhöhten Erwartungen insbesondere in der Einführungsphase vorzubeugen ist es sinnvoll, die nachfolgenden Standards schrittweise anzuwenden. Auch werden in bestimmten Anwendungsfeldern oder Einrichtungstypen die einzelnen Standards unterschiedliches Gewicht haben. Abweichungen von den Standards sollten begründet und dokumentiert werden, damit durchgeführte Evaluationen angemessen bewertet werden können.

3. Anzustrebende Standards für Evaluationen

Gute Evaluationen sind an folgenden Merkmalen zu erkennen:
- Die an der Finanzierung und Durchführung des zu evaluierenden Programms Beteiligten und die davon Betroffenen (Zielgruppen) sind mit ihren Verantwortlichkeiten benannt, sodass sie sich an der Planung, Durchführung und Nutzung der Evaluation angemessen beteiligen können.
    - Ein Kontrakt/eine klare Vereinbarung wurde geschlossen. Darin sind insbesondere enthalten:
    - Aussagen über die Zielsetzung der Evaluation (Entscheidungsvorbereitung/ Verbesserung von Programmen ...), Ausgangsfragestellungen und zu Beteiligende, vorgesehene Nutzer der Evaluationsergebnisse;
    - Zeit- und Finanzierungsrahmen für die Evaluation; Abschätzung, dass der voraussichtliche Nutzen die verausgabten Kosten rechtfertigt;
    - Sicherung der erforderlichen finanziellen, materiellen (z.B. EDV-Ausstattung) und personellen Ressourcen für die Evaluation;
    - Regelungen zum Daten- und Vertrauensschutz; zu Pflichten und Rechten bezüglich der Erstellung, Weitergabe und Veröffentlichung von Berichten.

- Der Evaluationsgegenstand (als Ganzer oder ein Element davon) ist konkret unter Mitwirkung der wichtigen Beteiligten & Betroffenen bestimmt und eingegrenzt, indem
    - das zu evaluierende Programm/seine zu evaluierenden Elemente klar benannt sind;
    - zentrale zu verfolgende Fragestellungen formuliert sind;
    - Bewertungsmaßstäbe für den Evaluationsgegenstand festgelegt/ausgehandelt sind;
    - abgeschätzt ist, dass die zu gewinnenden Informationen in der Praxis genutzt werden können.

- Die Planung und Durchführung der Erhebungen, Auswertungen und Interpretationen erfolgt systematisch und nachvollziehbar:
    - Datenplan und Erfolgsspanne/-bild (= operationale Bewertungskriterien/anschauliche Beschreibungen des Wünschenswerten) sind schriftlich fixiert;
    - Datenerhebungsinstrumente sind ausgewählt/erstellt und geprüft;
    - nachvollziehbare Auswertungsverfahren für qualitative und quantitative Daten werden angewandt;
    - Interpretationen und Schlussfolgerungen basieren nachvollziehbar auf Daten und ausgewiesenen Bewertungsmaßstäben.

- Über die Evaluation und ihre Ergebnisse wird angemessen und ausgewogen berichtet:
  - Rückkoppelungen auch wichtiger Zwischenergebnisse an die Beteiligten & Betroffenen erfolgen zeitnah und kontinuierlich;
  - Schlussfolgerungen und/oder Empfehlungen sind formuliert, auf Akzeptabilität und Umsetzbarkeit geprüft;
  - Bericht (nicht nur in Schriftform) wurde verfasst und ist den vorgesehenen Nutzern zugänglich.

Im Sinne der Strukturmaxime „Partizipation" des Achten Jugendberichtes (BMJFFG 1990) ist besonders darauf zu achten, dass angemessene Formen der Mitgestaltung durch Kinder und Jugendliche bei der Planung und Durchführung von Evaluationen entwickelt und in die Praxis umgesetzt werden.

Die Beachtung der Empfehlungen ermöglicht es, dass Evaluationen in der Jugendhilfe nützlich, durchführbar, korrekt und genau sind. Als Referenzwerk für die detaillierte Beschreibung der aufgeführten Qualitätsmerkmale von Evaluationen sowie für konkrete Richtlinien zur Planung und Ausführung von Evaluationen wird hingewiesen auf das Handbuch der Evaluationsstandards (2000).

Anmerkung

1 Leicht redigierte Fassung der Erstveröffentlichung aus: Neue Praxis, 30. Jahrgang 2000, Heft 2, S. 190-192.

Literatur

Beywl, W.: Programmevaluation in pädagogischen Arbeitsfeldern – begriffliche und konzeptionelle Grundlagen –. In: Künzel, K. (Hg.): Internationales Jahrbuch für Erwachsenenbildung 27 (1999) „Evaluation der Weiterbildung", Köln (im Erscheinen)

Bundesminister für Jugend, Familie, Frauen und Gesundheit (Hg.): Achter Jugendbericht; Bericht über Bestrebungen und Leistungen der Jugendhilfe, Bonn 1990

Joint Committee on Standards in Educational Evaluation (Hg.): Handbuch der Evaluationsstandards. Opladen 2000

Münder, J./Jordan,E./Kreft, D./Lakies, Th./Lauer, H./Proksch, R. und Schäfer, K.: Frankfurter Lehr- und Praxiskommentar SGB VIII/KJHG Münster 1998

Die Empfehlungen wurden entwickelt von Kursleitung und Teilnehmenden der 1. berufsbegleitenden Fortbildung „Evaluation in der Jugendhilfe" im Jugendhof Vlotho, 1998/1999: Wolfgang Beywl, Geschäftsführender Vorstand UNIvation e.V., Köln und Vorstandsmitglied der Deutschen Gesellschaft für Evaluation; Bettina Henze, Evaluationsberaterin und -trainerin, Simmerath (Kursleitung); Peter Albrecht-Liermann, Stab Soziale Dienste, Jugendamt Essen; Michael Buhleier, Jugendhilfe- und Sozialplaner, Stadt Bergisch Gladbach; Wulf Erdmann, Jugendbildungsreferent; Elke Fischer, Jugendbildungsreferentin, Dekanat Breisach-Erdingen; Sabine Gaidetzka, päd. Mitarbeiterin, Landeszentrale für Gesundheitsförderung e.V., Mainz; Margit Göckemeyer, Jugendhilfeplanerin; Klaus-Peter Langner, Leiter des Sozialen Dienstes, Stadt Schwerte; Robert Liebmann, Teamleitung Flexible Hilfen, Vernetzte Jugendhilfe „Der Sommersberg", Gummersbach; Michael Menzhausen, Jugendhilfeplaner, Stadt Bad-Oeyenhausen; Herbert Müller, Referat Beratung, Organisationsentwicklung, Evaluation und Fortbildung im Zentrum für Kinder- und Jugendhilfe St. Josephshaus, Groß-Zimmern; Markus Orzol, Einrichtungsleiter, Sozialarbeit & Segeln e.V., Hamburg; Ulrich Schnasse, Koordination der Spezialdienste und Planung der Hilfen zur Erziehung, Stadt Siegen; Christine Schmidt, Jugendhilfeplanerin, Stadt Wuppertal; Theo Schneid, Jugendbildungsreferent, SJD-Die Falken, LV-NRW; Petra Tautorat, Sozialamt Stadt Dortmund; Beate Zewe-Deckmann, Hannover (Teilnehmende).

Für kritische Durchsicht und weiterführende Anregungen danken wir Maja Heiner und Hildgard Müller-Kohlenberg, Professorinnen für Erziehungswissenschaft an den Universitäten Tübingen bzw. Osnabrück.

Ansprechpartner für neu beginnende Fortbildungen ist Dr. Hilmar Peter, Jugendhof Vlotho, Oeyenhausener Straße 1, 32602 Vlotho.

Glossar „Evaluation in der Jugendhilfe"

Evaluation
Summe systematischer Untersuchungen, die empirische, d.h. erfahrungsbasierte Informationen bereitstellen über den Wert eines sozialen Gegenstandes, den Evaluationsgegenstand.

Evaluationsgegenstand
Objekt der Beschreibung und Bewertung; Gegenstandstypen sind Programme, Organisationen, Personen, Politiken (policies); dieser Text gibt Empfehlungen zur Evaluation von Programmen.

Programm
Bündel von Maßnahmen, bestehend aus einer Folge von Aktivitäten/Interventionen, basierend auf einem Set von Ressourcen, gerichtet auf bestimmte bei bezeichneten Zielgruppen zu erreichende Ergebnisse. Wird als Sammelbegriff genutzt für typische programmförmige Evaluationsgegenstände wie z.B. pädagogische Projekte, Maßnahmen, Veranstaltungen, Medien oder Materialien. Im Kinder- und Jugendhilfegesetz/ SGB VIII und seinen Kommentaren wird von „Leistungen" und „Aufgaben" gesprochen, auch von „Hilfen" oder „Hilfeformen", „Angeboten" und „Angebotsformen". Im Kontext der Neuen Steuerung wird insbesondere von „Produkten" und „Leistungen" gesprochen.

Programmverantwortlicher
Person, die für die Steuerung und Durchführung des pädagogischen Programms verantwortlich ist (z.B. Abteilungsleiter, Pädagogischer Einrichtungsleiter, Seminarleiter …).

Standard
Fachlich begründeter Maßstab, der die wünschenswerte Ausprägung der Qualität eines Gegenstandes (von Konzept, Rahmenbedingungen, Prozess oder Ergebnis) bezeichnet.

Evaluationsstandard
Evaluationsfachlich festgelegter Maßstab, der die wünschenswerte Ausprägung der Qualität von Evaluationen bezeichnet.

Programmstandard
Jugendhilfefachlich festgelegter Maßstab, der die wünschenswerte Ausprägung der Qualität von Programmen der Jugendhilfe bezeichnet (dient als Maßstab für Bewertungen durch Evaluation).

Erfolgsspanne
Angabe eines Minimalwertes und eines Optimalwertes für den angestrebten Grad der Zielerreichung für ein operationales Teilziel des zu evaluierenden Programms, insbesondere durch den Programmverantwortlichen (z.B. mindestens 40%, im Optimalfall 70% der zum Schnuppertag angemeldeten Jugendlichen sollen sich zur Jugendbegegnungsfahrt verbindlich anmelden). Wenn die Angabe quantifizierter/zahlenmäßiger Bewertungskriterien nicht möglich ist, kann dies durch eine genaue qualitative Beschreibung des erwünschten Zielzustandes ersetzt werden („Erfolgsbild").

Evaluatorin
Person, die für die Steuerung einer Evaluation und deren Durchführung verantwortlich ist.

Selbstevaluatorin
Ist gleichzeitig Evaluatorin und Programmverantwortliche, wobei das Programm in den

Grenzen dessen liegt, was abgesteckt ist durch den eigenen Handlungsrahmen und die unmittelbaren Konsequenzen des eigenen Handelns (eine Person, eine Dyade, ein Team kann Selbstevaluation durchführen, sie ist kaum steuerbar durch eine Abteilung oder gar eine größere Einrichtung oder Organisation)

Fremdevaluatorin (intern/extern)
Programmverantwortlichkeit und Evaluationsverantwortlichkeit werden (im Schwerpunkt) von unterschiedlichen Personen wahrgenommen. Wenn diese Personen Mitglied der selben Organisation sind, handelt es sich um interne Fremdevaluatorinnen; wenn sie evaluierenden Personen organisationsextern sind, handelt es sich um externe Fremdevaluatorinnen.

Beteiligte & Betroffene (stakeholders)
Personen, Gruppierungen und Institutionen, die je nachdem ob und wie das Programm durchgeführt wird, etwas zu gewinnen oder zu verlieren haben. An Programmen der Kinder- und Jugendhilfe beteiligt sind besonders Geldgeber und Träger, politische Entscheider (z. B. im Jugendhilfeausschuss), Programmverantwortliche und deren Mitarbeiter, Kooperationspartner aus anderen Einrichtungen oder Dienststellen, nicht aber die Fremdevaluatorin. Betroffen von Programmen sind in erster Linie die Zielgruppen, aber auch vom Programm Ausgeschlossene oder durch das Programm Beeinträchtigte.

Aufgaben und Ziele des Wirksamkeitsdialoges
Klaus Schäfer

1. Vorbemerkungen

Die pädagogische Arbeit mit Kindern und Jugendlichen im außerfamilialen und außerschulischen Bereich ist ein wichtiger Baustein im Prozess des Aufwachsens. Durch die Vielfalt und die Sozialraumnähe der Angebote und Einrichtungen ist ein frühzeitiges Erkennen von Risiko und Gefährdungen und eine wirksame Prävention möglich. Gerade in der Kinder- und Jugendarbeit kommt es darauf an, die Angebote mit den Interessen und Bedürfnissen junger Menschen stimmig zu machen, weil sonst Paradigmen, wie z. B. die Selbstorganisation und die Lebensweltorientierung, kaum umgesetzt werden können.

Städte, Kreise und Gemeinden und das Land stellen für diese Arbeit öffentliche Mittel bereit, damit die Träger ihre Angebote kontinuierlich anbieten, neue Wege entwickeln und ihre Praxis finanziell absichern können. Sie lassen sich dabei von den Grundzielen des Kinder- und Jugendhilfegesetzes leiten.

Das zentrale Instrument des Landes zur finanziellen Förderung der Jugendarbeit ist der Landesjugendplan, der mit insgesamt 199.182 Mio. DM (Haushaltsansatz 2000) ausgestattet ist.

Über den Landesjugendplan wird eine breite kinder- und jugendpolitische Infrastruktur gefördert, die vor allem geprägt ist durch rd. 1.250 Einrichtungen der Offenen Jugendarbeit, 21 im Landesjugendring zusammengeschlossenen Jugendorganisationen, rd. 42 Beratungseinrichtungen der Jugendsozialarbeit, ca. 45 Jugendkunst- und Kreativitätsschulen, zahlreiche Initiativgruppen und Projekte für besondere Zielgruppen. Insgesamt dürften derzeit rd. 3.900 pädagogische Fachkräfte über den Landesjugendplan gefördert werden.

2. Reformschwerpunkte und fachliche Weiterentwicklung

Mit der Reform des Landesjugendplans hat das Land seine Verantwortung für die Förderung dieser Arbeit hervorgehoben und mit dem seit dem 1. Januar 1999 geltenden Landesjugendplan vor allem folgende elf Förderschwerpunkte gesetzt:
1. Förderung der Angebote der Kinder- und Jugendarbeit durch die im Landesjugendring zusammengeschlossenen Jugendverbände;
2. die Förderung offener Formen und fester Einrichtungen der Kinder- und Jugendarbeit sowie der kulturellen Kinder- und Jugendarbeit;
3. die Förderung besonderer Handlungsansätze in der Kinder- und Jugendar-

beit, insbesondere internationale Begegnungen/Gedenkstättenfahrten; medienbezogene Angebote; neue Ansätze der gesellschaftlichen Beteiligung junger Menschen; Initiativgruppenarbeit und Angebote der Gewaltprävention.
4. Förderung der Zusammenarbeit von Jugendhilfe und Schule, insbesondere die Förderung von Angeboten am Nachmittag für Kinder im schulpflichtigen Alter, vor allem für die Altersgruppe der 10- bis 14-Jährigen; schulbezogene Angebote der sozialen Arbeit (Schulsozialarbeit).
5. Angebote der Prävention und Hilfen für Kinder und Jugendliche in Konfliktsituationen oder Notlagen; Hilfen gegen sexuelle Gewalt; erzieherischer Kinder- und Jugendschutz.
6. Besondere Maßnahmen in der Kinder- und Jugendarbeit, innovative Projekte und Experimente.
7. Geschlechtsspezifische Angebote der Jugendarbeit: parteiliche Mädchenarbeit und reflektierte Jungenarbeit.
8. Schul- und berufsbezogene Angebote der Jugendsozialarbeit.
9. Förderung des ehrenamtlichen Engagements, der Freiwilligenarbeit und des Sonderurlaubs.
10. Förderung von Zusammenschlüssen auf Landesebene in der Kinder- und Jugendarbeit und der Jugendsozialarbeit, einschließlich der Förderung des Rings politischer Jugend und überregional wirkender Jugendbildungsstätten und
11. Investitionen in der Kinder- und Jugendarbeit und Jugendsozialarbeit.

Die Reform wurde erforderlich, weil sich insbesondere in den letzten 10 Jahren die Rahmenbedingungen für die Kindheit und die Jugendphase zum Teil gravierend verändert haben und sich daraus neue Anforderungen und neue Handlungsbedarfe sowohl für die Gestaltung und Weiterentwicklung der fachlichen Praxis wie des Förderungsinstruments „Landesjugendplan" herausgebildet haben. Diesen Anforderungen konnte der bisherige in 50 Jahren gewachsene Landesjugendplan nicht mehr gerecht werden.

Die enstandene Kritik richtete sich dabei sowohl gegen den Landesjugendplan als Förderinstrument als auch gegen die durch ihn geförderte pädagogische Praxis. Die Kritik an der Starrheit der Vorschriften und der closed shop-Situation wuchs ebenso wie die Zweifel hinsichtlich des Stellenwertes und der Effizienz der tatsächlich geleisteten pädagogischen Arbeit. Gefordert wurde mehr Passgenauigkeit der Angebote, Einbeziehung auch besonderer Zielgruppen (z.B. Kinder mit Migrationshintergrund), gezielte Projekte für Kinder in besonders schwierigen Lebenslagen und Ansätze wirksamerer Prävention sowie eine Intensivierung der Zusammenarbeit mit der Schule.

Notwendig war also ein Prozess der Erneuerung und Flexibilisierung, der einerseits die gewachsene Struktur nicht zerstörte, sie andererseits aber offen machte für neue Herausforderungen. Auch sollten Impulse für neue Schwerpunkte und Zielsetzungen freigesetzt werden. Erforderlich war aber auch, die fachliche Weiterentwicklung der Förderung mit einem Ausbau der Qualität der Praxis zu verbinden.

3. Wirksamkeitsdialog als Qualitätsprozess

Damit wuchs der Druck auf die Jugendarbeit, die Qualität der Angebote zu prüfen, zu verbessern und Erfolge nachzuweisen. Insbesondere die Diskussion um die neuen Steuerungsmodelle, ausgelöst durch die Kommunale Gemeinschaftsstelle für Verwaltungsvereinfachung, die durch ihre Gutachten zahlreiche Anregungen zu Modernisierungsprozessen in der Verwaltung der Jugendämter in Gang gesetzt hat, hat zu einer leistungsorientierten Betrachtung und Bewertung der pädagogischen Arbeit geführt. Regelmäßig durchgeführte Controlling-Verfahren und die Einführung eines Berichtswesens gehören heute in vielen Bereichen der Jugendhilfe zur Selbstverständlichkeit, wie auch die Aufnahme entsprechender Vorschriften ins Kinder- und Jugendhilfegesetz (§§ 78 a ff. SGB VIII) zu Vereinbarungen über Leistungsangebote, Entgelte und Qualitätsentwicklung im Verhältnis der öffentlichen Hand zu den Trägern zeigt.

Die über den Landesjugendplan geförderten Angebote und Einrichtungen der Jugendarbeit konnten und durften nicht ausgenommen werden. Auch sie haben sich – nicht nur angesichts des Gesamtumfanges der Förderung aus öffentlichen Mitteln, der bei rd. 450 Mio. jährlich liegen dürfte, sondern auch aus grundsätzlichen fachlichen Gründen – einer Prüfung und Evaluation zu stellen, damit sie sich in der Zukunft auch fachlich behaupten können.

Hierfür wurde der Wirksamkeitsdialog für die geförderten Träger in den Allgemeinen Richtlinien (Nr. 1.4) verbindlich verankert. Die Teilnahme ist nicht freiwillig, sondern verpflichtend und ist unmittelbar mit der Förderung gekoppelt.

Mit dem Wirksamkeitsdialog wurde ein Instrument gefunden, welches dem Verhältnis des Landes zu den freien, auf Autonomie bedachten Trägern der Jugendhilfe entspricht. Besonderes Merkmal ist der partizipative und partnerschaftliche Ansatz. Obgleich die Teilnahme verpflichtend ist, werden die für die Qualitätsprüfung und Evaluation erforderlichen Instrumente und methodischen Schritte nicht durch das Land vorgegeben. Vielmehr geht es um Folgendes: Die Träger so früh wie möglich einzubeziehen und in einem gemeinsamen Diskussionsprozess die konkrete Ausformung zu entwickeln; um eine Verständigung über die Messkriterien und die eingesetzten Instrumente; um eine gemeinsame Entscheidung über die inhaltlichen Schwerpunkte und das methodische Vorgehen und um eine Klärung über die Breite des Dialogs einschließlich der für das Berichtswesen zu liefernden Daten.

Ein solches Vorgehen bietet sich auch auf Grund der komplexen Struktur der freien Träger an. Es berücksichtigt zum einen die kommunale Selbstverwaltung bei den Einrichtungen in öffentlicher Trägerschaft, zum andern auch die Pluralität innerhalb der großen Träger. Deshalb kann Raum geschaffen werden für eine breite Akzeptanz und Durchsetzung des Dialogs.

Insbesondere soll durch den Wirksamkeitsdialog
– Die Prüfung der Effektivität und Effizienz der verwendeten Landesmittel intensiviert und systematisiert,

- die Einsicht und die Bereitschaft in notwendige fachliche Weiterentwicklungsprozesse gefördert sowie
- der gezielte Einsatz von Reflexions- und Evaluationsinstrumenten erreicht werden.

Bei der Erfüllung dieser Aufgaben entstehen aber durchaus Probleme, die überwunden werden müssen, so z. B.:
- Einerseits kann und darf der Wirksamkeitsdialog nicht betriebswirtschaftlich angelegt sein. Dies würde nicht nur seine Akzeptanz zerstören, es wäre fachlich zugleich eine nicht vertretbare Reduktion der Produkte auf rein quantifizierbare Ergebnisse (vgl. Projektgruppe WANJA 2000, S. 10).

Andererseits ist eine Konzentration auf rein qualitative Entwicklungsprozesse für die Bewertung der erreichten Ziele ebenfalls nicht ausreichend. Es gilt also, eine sinnvolle und aussagefähige Kombination zwischen beiden herzustellen.
- Viele Handlungsfelder der Kinder- und Jugendarbeit werden nicht von professionellen Fachkräften gestaltet, sondern durch die ehrenamtliche Tätigkeit, dies gilt insbesondere für die Jugendverbandsarbeit. Müssen die Grundlagen für Qualitätsprüfungsprozesse auch von sozialpädagogischen Fachkräften erst gelernt werden, so gilt dies insbesondere für die ehrenamtlich Tätigen. Um aber gerade diese Personengruppe nicht zu überfordern, können sie nur in ganz beschränktem Umfang in den Wirksamkeitsdialog eingebunden werden. Von entscheidender Bedeutung sind deshalb die Rahmenbedingungen, unter denen der Dialog stattfindet, so z. B. die Frage der Qualifizierung.

Verantwortlich für die Durchführung der Wirksamkeitsdialoge ist der Fachberater bzw. die Fachberaterin für Kinder- und Jugendarbeit, die bei den Landesjugendämtern Rheinland und Westfalen-Lippe angesiedelt sind.

Zentrales Ziel des Wirksamkeitsdialogs ist die Optimierung der pädagogischen Arbeit. Deshalb müssen auch die für die Praxis der Jugendarbeit geltenden Ziele einbezogen und zur Grundlage der Entwicklung von Prüfkriterien gemacht werden.

Kinder- und Jugendarbeit ist kein Selbstzweck, sondern zielt auf die Verbesserung der Rahmenbedingungen für das Aufwachsen junger Menschen unter Berücksichtigung der in § 1 und insbesondere in den §§ 11-14 SGB VIII normierten Ziele ab. Für die Ausgestaltung der Praxis und somit auch für die Verwendung der Landesmittel gelten die in den Allgemeinen Förderrichtlinien (Nr. 1.3.1) genannten Ziele. So sollen insbesondere die Angebote so gestaltet sein, dass
- die Veränderungen in den Lebenswelten von jungen Menschen unmittelbar berücksichtigt werden,
- sie im sozialen Umfeld junger Menschen angesiedelt sind,
- die unterschiedlichen Interessen und Bedürfnisse von jungen Menschen einbezogen werden,
- geschlechtsspezifische Ansätze als Querschnittsaufgabe zu berücksichtigen sind sowie

– kulturelle und medienbezogene Handlungskompetenz vermittelt und kooperative und übergreifende Formen der Ansätze gestärkt werden.

Diese Ziele des Landesjugendplans werden ergänzt durch die verbands-, einrichtungs- oder trägerspezifischen Ziele.

Es gilt also nun, gemeinsam mit den Trägern nach Qualitätskriterien zu suchen bzw. solche zu entwickeln, die geeignet sind, Auskunft darüber zu geben, wie die Ziele angegangen und ob sie erreicht worden sind, zumindest aber, ob die Konzeptionen, die Schwerpunktsetzung und das methodische Vorgehen geeignet sind, diese Ziele optimal anzugehen.

Mit der systematischen und kontinuierlichen Evaluation kann deshalb sichergestellt werden, dass sich die Praxis andauernd weiterentwickelt, sich den Interessen und Bedürfnissen stärker anpasst sowie auch zu grundlegenden Veränderungen der Angebotsstruktur führen kann.

Angesichts der Vielfalt der Träger, Einrichtungen und Angebote, war nicht von vorn herein Ziel, den Wirksamkeitsdialog in alle Förderbereiche des Landesjugendplans zu implementieren und umzusetzen. Dies kann nur sukzessive geschehen. In einem ersten Schritt sind zentrale Bereiche der Kinder- und Jugendarbeit ausgewählt worden, nämlich:
– die Förderung der Jugendverbandsarbeit;
– die offene Kinder- und Jugendarbeit vor allem in Einrichtungen der offenen Türen und
– die kulturelle Kinder- und Jugendarbeit.

Da diese drei Handlungsfelder unterschiedlich strukturiert und fachlich unterschiedlich gestaltet sind, sind die Wirksamkeitsdialoge auch sehr verschieden.

4. Fazit

Mit dem Wirksamkeitsdialog sind inzwischen in Nordrhein-Westfalen zentrale Prozesse der Qualitätsentwicklung und der Evaluation der pädagogischen Praxis angelaufen. In vielen Jugendamtsbereichen und bei den Trägern sowie den Fachkräften konnten Vorbehalte und Distanz überwunden werden. Befürchtungen zumeist bei freien Trägern und bei Fachkräften, durch den Wirksamkeitsdialog könnte sich die staatliche Kontrolle verstärken und schließlich in einer Aushöhlung der Autonomie enden, konnten abgebaut werden.

Entscheidend dabei war und ist, dass diese Prozesse primär nicht durch das Motiv geprägt sind, Geld einzusparen sondern vorrangig darauf abzielen, dass Praxis sich verändert, Kompetenzen genutzt sowie Bündelungen und Vernetzungen offensiver angegangen werden und der Mut zu Innovation und Experimenten breiter wird. So weit der Wirksamkeitsdialog offensiv und selbstbewusst, aber auch selbstkritisch und transparent gestaltet und dadurch die Qualität der Arbeit sichtbarer und nachvollziehbarer wird, wird die Qualitätsprüfung eher die Legitimationsbasis für den Erhalt öffentlicher Gelder stabilisieren als umgekehrt.

Deshalb wird der Wirksamkeitsdialog zu einem Qualitätsstandard und zu einer Selbstverständlichkeit in der Kinder- und Jugendarbeit werden müssen.

Die Organisation des Wirksamkeitsdialoges
Theo Schneid

Mit dem Landesjugendplan 1999 wurden auch neue, „vorläufige" Richtlinien in Kraft gesetzt. Sie gelten zunächst für drei Jahre. Dort heißt es: „Zur fachlichen Reflexion der Förderung wird ein Wirksamkeitsdialog eingeführt. Er soll vor allem darauf abzielen, gemeinsam mit den Zuwendungsempfängern oder den sie vertretenden pluralen Zusammenschlüssen auf Landesebene, den wirksamen Einsatz der Mittel zu überprüfen und Anregungen für die Veränderung und Weiterentwicklung in der Förderung geben."

Neben den Richtlinien, die in einer Broschüre des Ministeriums unter dem Titel „Politik für Kinder und Jugendliche – Landesjugendplan NRW" veröffentlicht wurden, gab es die „Grundsätze zum Wirksamkeitsdialog", ein vom Ministerium Ende 1998 vorgelegtes Arbeitspapier. Demnach sollten „handlungsfeldspezifische Arbeitsgruppen" gebildet werden, zu denen die Landesjugendämter einladen und die „Federführung im Auftrag des MFJFG" wahrnehmen. Damit der Wirksamkeitsdialog gestaltbar bleibt, wurden zunächst nur die Handlungsfelder „Jugendverbandsarbeit", „kulturelle Jugendarbeit", „Jugendsozialarbeit" und „Offene Jugendarbeit" einbezogen.

Für die Jugendverbände bedeutete das: Organisation und Moderation der „handlungsfeldspezifischen Arbeitsgruppe" wurden dem Landesjugendamt Rheinland übertragen. Die „Arbeitsgruppe Wirksamkeitsdialog" konstituierte sich am 24.2.1999 im Landesjugendamt in Köln und hat seither acht Mal getagt. In dem Gremium sitzen, neben dem Landesjugendamt als Moderator, Mitglieder des Landesjugendringes als Vertreter der Träger und Vertreter des Ministeriums.

Es war Aufgabe dieser Gruppe, auf der Grundlage der Richtlinien und der Grundsätze zum Wirksamkeitsdialog ein Verfahren zu entwickeln, das praktikabel sein sollte und in dem sich die Interessen aller Beteiligten wiederfinden sollten. Vor allem das Letztere stellte sich als ein nicht immer einfach zu gestaltendes Problem heraus.

Wirkung und Wirksamkeit

Der Begriff Wirksamkeitsdialog verursachte bei vielen Jugendverbänden zunächst eine gewisse Ratlosigkeit, da es keine weiteren Erläuterungen außer dem eben zitierten Text der Richtlinien und dem Arbeitspapier mit den „Grundsätzen" gab. Der zweite Teil des Begriffes war schnell geklärt. Dialog sollte als ein Gespräch zwischen gleichberechtigten Partnern verstanden werden. Das war, wenn man die bisherige konkrete Praxis betrachtet, oft leichter gesagt als getan.

Dabei zeigte sich, dass Jugendverbände unsicher waren, die sich bietenden Gestaltungsmöglichkeiten offensiv zu nutzen. In einem offenen Prozess Rechte wahrzunehmen, bedeutet immer auch entsprechende Verantwortungen und Risiken des Scheiterns mit zu tragen. Vor allem damit hatten Jugendverbände in der ersten Phase des Prozesses einige Schwierigkeiten. Ungewohnte Partizipationsmöglichkeiten müssen offensichtlich eingeübt werden.

Zu Beginn des Prozesses wurde, obwohl es bereits im Entwurf der Richtlinien Wirksamkeitsdialog hieß, oft von Wirkungsdialog gesprochen. Wenn man es mit unklaren Begriffen zu tun hat, lohnt sich normalerweise ein Blick in ein Lexikon oder auch in die entsprechende Fachliteratur.

In einfachen Nachschlagewerken, aber auch in der „Europäischen Enzyklopädie zu Philosophie und Wissenschaften" findet man das Stichwort Wirksamkeit nicht, wohl aber den Begriff Wirkung, meist verbunden mit Ursache. Der Duden erklärt Wirkung als das „Ergebnis, das ein Vorgang hat oder das man mit einer Handlung, einem Mittel erzielt."[1] In der Microsoft ENCARTA findet sich weder Wirkung noch Wirksamkeit als eigenes Stichwort. Bei einer genaueren Suche bietet das Programm jedoch 62 Artikel, in denen über die Wirksamkeit von vorzugsweise Medikamenten oder sonstigen Wirkstoffen, über die Wirksamkeit von Ideologien wie der so genannten „Dolchstoßlegende", von Religionen oder Lehren, von literarischen Werken oder auch von bestimmten fiskalischen Maßnahmen gesprochen wird.

Wenn man von der Wirksamkeit einer bestimmten Sache oder einer Handlung sprechen will, muss man Kenntnisse über deren Wirkung haben. Kenntnisse über Wirkungen erhält man durch Untersuchungen. Als Fachbegriff für die Untersuchung von Wirkungen hat sich inzwischen der Begriff Evaluation weitgehend etabliert.

Für die Gestaltung des Wirksamkeitsdialoges heißt das: Das Gespräch oder der Dialog über die Wirkung oder auch Wirksamkeit von Maßnahmen kann sinnvollerweise nur auf der Grundlage systematisch erhobener Daten und deren Auswertung stattfinden. Ansonsten bleiben solche Gespräche in mehr oder weniger realitätsgerechten Spekulationen stecken.

In dem Buch „Einführung in die Politikevaluation" heißt es: „Evaluationen" in einem allgemeinen Sinn „sind ein Informationsinstrument. Sie stellen Informationen über staatliches Handeln bereit. Es gibt mehrere solcher Informationsinstrumente wie etwa die Staatsrechnung, Audits, Monotoring, Controlling, Leistungsindikatoren u.a.m. Wo die Grenzen des (engeren) Begriffs Evaluation gegenüber diesen anderen Instrumentarien gesetzt werden ist umstritten."[2] Im Zusammenhang des Wirksamkeitsdialoges sollte man den Begriff in einem engeren Sinne verwenden. Trotzdem weist uns dieses Zitat auf das Problem hin, dass sich konkrete Arbeit nicht nur in Evaluationen (im engerem Sinne) und ihren Ergebnissen dokumentiert, sondern auch in anderen „Informationsinstrumenten". Es soll deshalb hier kurz dargestellt werden, in welchen Formen die Arbeit der Jugendverbände bisher transparent gemacht wurde und wie dies in Zukunft geschehen sollte.

DIE ORGANISATION DES WIRKSAMKEITSDIALOGES

Dokumentation der Arbeit der Jugendverbände NRW

Die Arbeit der Jugendverbände kann in vier Bereichen dokumentiert werden: Jugendhilfestatistik – Berichtswesen – Verwendungsnachweise – Wirksamkeitsdialog. Die folgende Übersicht zeigt, wie man diese Bereiche organisieren könnte.

	Jugendhilfestatistik	Berichtswesen / Controlling	Verwendungsnachweise	Wirksamkeitsdialog
Rechtsquelle	KJHG	Kabinettsbeschluss	Richtlinien Bewilligungsbescheide Haushaltsordnung Allgemeine Nebenbestimmungen	Vorläufige Richtlinien zum Landesjugendplan NRW
Woher kommen die Daten?	Die Träger füllen die vom Landesamt zur Verfügung gestellten Erhebungsbögen aus. Die Daten des Berichtswesens können hier ebenfalls verwandt werden. Diese sollten rechtzeitig mit dem Landesamt abgesprochen werden, damit sie die Richtlinienveränderungen berücksichtigen.	Anforderungen und Durchführung werden in der Steuerungsgruppe Wirksamkeitsdialog zwischen Ministerium, Landesjugendamt und Trägern verbindlich vereinbart.	Die Daten entstehen in dem externen Rechnungswesen/Buchhaltung der Maßnahmen.	Die Daten werden in Evaluationen der einzelnen Arbeitsfelder erhoben und ausgewertet. Daten aus dem Berichtswesen können hier ebenfalls verwertet werden. Evaluationsfragestellungen können in der AG „Wirksamkeitsdialog" diskutiert werden.
Quantitativer Umfang	Alle Maßnahmen sollen erfasst werden.	Alle geförderten Maßnahmen werden erfasst.	Maßnahmen bis zur Höhe der Fördersummen werden auf der Basis von geltenden Fördersätzen erfasst.	Arbeitsfelder werden von den Verbänden in Absprache mit der AG „Wirksamkeitsdialog" ausgewählt.
Form der Erfassung	Erfassungsbögen vom Landesamt für Statistik	Einheitliche Erfassungsbögen, die auch für die Statistik genutzt werden können. Die Bögen werden auf der Landesebene der Verbände und im LJR mit einer einheitlichen Software bearbeitet.	Formulare und formlose Nachweise Sachberichte für Einzelmaßnahmen und für Personaleinsatz	Abschlussberichte der durchgeführten Evaluationen.

Evaluation

Die drei Informationsinstrumente Jugendhilfestatistik, Berichtswesen und Verwendungsnachweise allein werden für einen sinnvollen Wirksamkeitsdialog keine ausreichenden Informationen zur Verfügung stellen können, da sie ausschließlich quantitative Daten liefern. Es müssen Evaluationen hinzu kommen, die die Wirkungen der konkreten Maßnahmen in den einzelnen Arbeitsfeldern auch qualitativ untersuchen.

„Evaluieren heißt", so Maja Heiner, „ganz allgemein auswerten, bewerten und damit zugleich auch empfehlen, beraten und bei der Entscheidungsfindung unterstützen. Dies geschieht auf der Grundlage von Informationen, die mit den Methoden der empirischen Sozialforschung gesammelt und interpretiert werden. Als anwendungsorientierte Forschung will die Evaluationsforschung zuverlässige Daten und Informationen liefern, um die Beurteilung von Programmen und Projekten im Bildungs-, Gesundheits- und Sozialwesen zu ermöglichen. Damit enden jedoch schon die Gemeinsamkeiten. **Wozu** Daten gesammelt werden, ob man sich dabei eher der **quantitativen oder/und der qualitativen Methoden** empirischer Sozialforschung bedient, wer die Evaluation **bestellt und wer sie bezahlt**, wofür **sie verwendet** werden soll und **wer an diesem Prozess beteiligt wird** – diese Fragen verweisen auf unterschiedliche Evaluationsansätze."[3]

Wolfgang Beywl hat in diesem Band ein Konzept von Evaluation skizziert,[4] das sich mit dem kurzen Satz „Erfahrungen systematisch für die Praxis nutzen" beschreiben lässt. **Erfahrungen** müssen beschrieben und bewertet werden. Es müssen **systematisch** Daten erhoben, ausgewertet und interpretiert werden, um **die Praxis** zu stabilisieren und zu verbessern und um Entscheidungen treffen und Veränderungen einleiten zu können.

Die einzelnen Schritte einer Evaluation, wie sie für den Wirksamkeitsdialog gebraucht wird, könnte folgendermaßen aussehen:
- Die Verantwortlichen bei den Maßnahmenträgern beauftragen in Abstimmung mit ihren beteiligten Gliederungen eine Person mit der Durchführung der Evaluation, die **Evaluatorinnen**.
- Der **Gegenstand** einer Evaluation wird bestimmt.
  Beispiel: **Kinder- und Jugenderholungsmaßnahmen**.
- Die **Fragestellungen** werden entwickelt.
  Beispiel: Welche Kinder werden von unseren Maßnahmen erreicht? Welche Erfahrungen können Kinder in unseren Maßnahmen machen? Welche konkreten Partizipationsmöglichkeiten haben Kinder in unseren Maßnahmen?
- Für Fragestellungen werden „**Erfolgskriterien**" diskutiert und definiert.
- Die Evaluatorinnen entwickeln die **Messinstrumente**, organisieren die **Datenerhebung** und **Auswertung** der Daten und erstellen einen Bericht.
- Die **Ergebnisse der Evaluation** werden für den Wirksamkeitsdialog genutzt, also durch den **Träger der Maßnahmen**, die **Landesjugendämter** und das **Ministerium**.

Damit würde sich die folgende Struktur für den Wirksamkeitsdialog ergeben[5]:

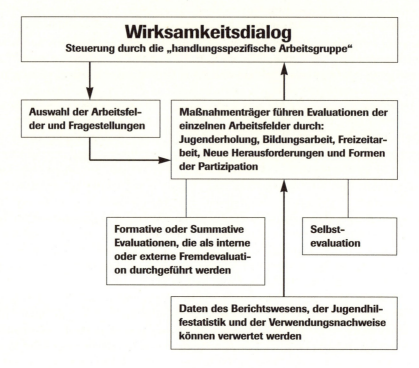

Die Aufgaben der Arbeitsgruppe Wirksamkeitsdialog

Die wesentlichen Aufgaben der Arbeitsgruppe waren, sich über den Zusammenhang der verschiedenen Informationssysteme zu verständigen. Sie hat sich geeinigt, dass ein gelungener Wirksamkeitsdialog nur auf der Grundlage von Untersuchungs- oder Evaluationsergebnissen möglich ist. Weiterhin mussten für das neue Berichtswesen verbindliche Verfahren entwickelt und verabredet werden.

Berichtswesen

Nachdem die Vertreter des Ministeriums ihre Vorstellung über Umfang und Art der im Berichtswesen zu erhebenden Daten vorgelegt hatten, wurde eine Untergruppe eingerichtet, die die Durchführbarkeit der Datenerhebung prüfen sollte. Ergebnis dieser Untergruppe war ein Entwurf für einen Berichtsbogen. Dieser wurde, nachdem die gesamte Arbeitsgruppe zugestimmt hatte, dem Hauptausschuss des Landesjugendringes zur Abstimmung vorgelegt. Am 13.3.2000 wurde einstimmig beschlossen, diesen Erhebungsbogen ab 1.4.2000 für alle geförderten Einzelmaßnahmen einzusetzen. Zur Zeit wird eine entsprechende Software entwickelt um die Datenauswertung auf einem einheitlichen Niveau sicherzustellen. Die Berichtsbögen werden mit den Verwendungsnachweisen abgegeben und dann von den Trägern erfasst. Diese zusammengefassten Datenbestände werden an den Landesjugendring weitergegeben. Die Daten können auf allen Ebenen mit einfachen statistischen Verfahren, die die Software zur Verfügung stellt, ausgewertet werden. Der Landesjugendring gibt die ausgewerteten Daten an die Arbeitsgruppe Wirksamkeitsdialog und an das Ministerium weiter.

Arbeitsfelder und Fragestellungen

Damit die einzelnen Träger mit entsprechenden Evaluationen beginnen können, wurde zunächst beraten und festgelegt, dass die Arbeitsfelder „Kinder- und Jugenderholung" und die „Formen der Zusammenarbeit zwischen Jugendhilfe und Schule" untersucht werden sollen.

Es gab dann einen Arbeitsauftrag an die Untergruppe, deren Arbeitsergebnis eine Beschlussvorlage für den Hauptausschuss des Landesjugendringes war. Als Ausgangspunkt für die Entwicklung von Fragestellungen wurden die im allgemeinen Teil der Richtlinien genannten „Prinzipien der Emanzipation, der Prävention, der Integration und der Partizipation" genutzt.

Für die „Kinder- und Jugenderholung" wurden die Kategorien Emanzipation und Partizipation und für die „Angebote am Nachmittag für Kinder im schulpflichtigen Alter" Integration und Partizipation ausgewählt.

Die damit entwickelten Fragestellungen wurden dem Hauptausschuss auf seiner Sitzung am 13.3.2000 zur Beschlussfassung vorgelegt und dort auch einstimmig beschlossen.[6]

Die einzelnen Verbände stehen mit diesen Fragestellungen vor der Aufgabe, ihre Arbeit konkret zu untersuchen. Nach Vorlage der Evaluationsberichte kann dann der eigentliche Dialog über die Wirksamkeit beginnen.

Wirksamkeitsdialog

In den ersten Sitzungen der Arbeitsgruppe wurde die Frage diskutiert, ob die Wirksamkeit der Mittel, wie es in den Richtlinien heißt, oder die Wirksamkeit der mit den Mitteln finanzierten Maßnahmen Gegenstand des Dialoges sein soll. Hier scheint eine Begriffsklärung notwendig. Die unmittelbare Wirkung des Mitteleinsatzes ist das Zustandekommen von Maßnahmen und der Einsatz von Personal. Dies kann weitgehend durch die Verwendungsnachweise und das quantitative Berichtswesen dokumentiert und überprüft werden.

Für eine „fachliche Reflexion", wie sie in den Richtlinien ebenfalls gefordert ist, wird dies natürlich nicht ausreichen. Die Wirkungen, die hier offensichtlich gemeint sind, können nur durch konkrete Maßnahmen erzielt werden. Indem solche Maßnahmen evaluiert werden, können diese Wirkungen festgestellt werden. Welche Arten von Wirkungen – Inputs, Outputs, Reaktionen oder Outcomes[7] – dabei gemessen werden können, hängt weitgehend von dem Anspruch der Evaluation ab.

Mit Inputs sind hier die aufgewendeten Finanzmittel, Anzahl und Qualifikation des eingesetzten Personals und der Zeitaufwand des Personals gemeint. Outputs meint Anzahl der Maßnahmen, Anzahl der Teilnehmerinnen und deren demografische Merkmale. Diese können weitgehend schon mit dem Instrument Berichtswesen gemessen werden.

Reaktionen und Bewertungen der Teilnehmenden und Outcomes im Sinne von verändertem Wissen und Fertigkeiten oder gar von veränderten Einstellungen und Haltungen erfordern differenzierte Messinstrumente. „Das Kriterium der Wirksamkeit (so wie es sinnvoll auch für den Wirksamkeitsdialog angewandt werden könnte; Anm.d.Verf.) schließt unmittelbar an die Kategorie der Outcomes an. Es bezieht sich auf das Verhältnis zwischen beabsichtigten und den tatsächlichen eingetretenen gesellschaftlichen Wirkungen einer öffentlichen Politik."[8] Der Landesjugendplan ist das wichtigste jugendpolitische Instrument der Landesregierung.

Die Frage nach dem wirksamen Mitteleinsatz muss präzise lauten: Sind die Mittel, unter Berücksichtigung der von der Maßnahme erzielten Wirkungen/Outcomes sinnvoll eingesetzt? Die Beantwortung dieser Frage ist ein politischer oder genauer jugendpolitischer Prozess auf der Basis von möglichst soliden Untersuchungsergebnissen. Beide Fragen – Zu welchen und wie vielen Maßnahmen führte der Mitteleinsatz? Welche Wirkungen erzielen diese? – sind unbestreitbar sinnvoll und legitim und demnach wichtige Inhalte des Wirksamkeitsdialoges. Bewertungskriterien sollten dabei die im Landesjugendplan formulierten Zielvorstellungen sein. Dem wurde auch so entsprochen, indem die im Landesjugendplan formulierten „Prinzipien der Emanzipation, der Prävention, der Integration und der Partizipation" zum Ausgangspunkt für die Entwicklung von Evaluationsfragestellungen gemacht wurden. Bei der Umsetzung dieser Fragestellung auf die jeweilige konkrete Ebene des Trägers fließt der Wertekontext des Verbandes ein. Damit könnte man folgende Eckpunkte für den Dialog nennen, die als Kriterien für die Bewertung der Untersuchungsergebnisse dienen können:
– Pädagogische und politische Zielvorgaben des Landesjugendplanes.
– Konkretisierung dieser allgemeinen Ziele auf der Trägerebene unter Berücksichtigung des jeweils spezifischen Wertekontextes des Trägers.
– Durch das Berichtswesen festgestellte quantitative Auswirkungen des Mitteleinsatzes.
– Durch Evaluationen festgestellte Wirkungen/Outcomes der durch öffentliche Mittel geförderten Einzelmaßnahmen, wie sie laut Einzelrichtlinien des Landesjugendplanes möglich sind.

Der Wirksamkeitsdialog wird zeigen, wie man mit den zu erwartenden Spannungen zwischen Zielerwartungen und festgestellten Wirkungen umgehen wird. Dabei kann keiner der genannten Eckpunkte als unveränderlich angesehen werden. Am Ziel vorbeigehende Wirkungen können sowohl zur weiteren Qualifizierung der Praxis im Sinne der Ziele führen aber auch zeigen, dass man unrealistische Zielvorgaben gemacht hat. Es geht hier letztlich auch um die Frage, ob dieser Prozess so offen ist, dass auch Fehler zugelassen werden, ohne dass es zu förderungspolitischen Sanktionen kommt. Es ist selbstverständlich, dass hier nicht einem „Laissez fair-Stil" in Förderungsfragen das Wort geredet wird, sondern dass es selbstverständlich ist, dass festgestellte Fehler entsprechende Praxisveränderungen zur Folge haben. Qualität ist nicht einfach vorhanden, sondern muss erhalten und entwickelt werden.

Anmerkungen

1 DUDEN Bd. 8, Vergleichendes Synonymwörterbuch, Mannheim, 1964, S.733
2 Bussmann, W./Klöti; U./Knoepfel, P.: Einführung in die Politikevaluation. Basel, Frankfurt am Main, 1997, S. 39
3 Heiner, M.: Evaluation zwischen Qualifizierung, Qualitätsentwicklung und Qualitätssicherung – Möglichkeiten der Gestaltung von Evaluationssettings. In: Heiner, M. (Hg.): Qualitätsentwicklung durch Evaluation, Freiburg 1996, S. 20
4 siehe in diesem Band, S. 17 ff.
5 Zur Erklärung der Begriffe formative und summative Evaluation in dieser Übersicht siehe: W. Beywl in diesem Band, S. 17 ff.
6 Wortlaut dieses Beschlusses siehe in diesem Band, S. 50 f.
7 siehe W. Beywl: Evaluation. In diesem Band, S. 17 ff.
8 Bussmann, W./Klöti, U./Knoepfel 1997, S. 111

Fragestellungen für die Evaluationen in den Arbeitsfeldern „Kinder- und Jugenderholung" sowie „Kooperation Schule und Jugendhilfe"

Beschluss des Hauptausschusses des Landesjugendringes NRW vom 13.03.2000

II. Qualitative Bewertung
II.1. Kinder- und Jugenderholung

Zur Erfassung von Datenmaterialien für eine qualitative Bewertung sind im Bereich Kinder- und Jugenderholung die pädagogischen Kategorien Partizipation und Emanzipation ausgewählt worden.

II.1.1. Pädagogische Kategorie Partizipation

Fragestellungen:
- Waren die Kinder/Jugendlichen beteiligt an:
  - Planung und Vorbereitung
  - der Programmgestaltung
  - der Essenszubereitung und Essensplangestaltung
  - der Budgetverantwortung?
- Mit welchen Instrumenten/Methoden (z.B. Lagerrat) wurde die Beteiligung in die Praxis umgesetzt?
- Wie haben die Kinder und Jugendlichen die zur Verfügung stehenden Instrumente genutzt?
- Wie wurden die Beteiligungsmöglichkeiten aus der Sicht der Kinder und Jugendlichen bewertet, welche Rückmeldungen gab es von ihnen?
- Wie wurde das Beteiligungsverhalten und wie wurden die Beteiligungsinstrumente und -möglichkeiten durch die Leitungskräfte beurteilt und bewertet?

II.1.2. Pädagogische Kategorie Emanzipation

Der Begriff Emanzipation wird verstanden im Sinne des § 9 KJHG:
„Bei der Ausgestaltung von Leistungen und der Erfüllung von Aufgaben sind (...) 3. Die unterschiedlichen Lebenslagen von Mädchen und Jungen zu berücksichtigen, Benachteiligungen abzubauen und die Gleichberechtigung von Mädchen und Jungen zu fördern."
Sowie entsprechend den Zielvorgaben des Landesjugendplans: „Die Landesförderung ist so gestaltet, dass vorrangig solche Träger, Einrichtungen und Angebote gefördert werden, die sicherstellen, dass (...) verstärkt geschlechtsspezifische Ansätze in der Sozialisation als Querschnittsaufgabe (...) berücksichtigt (...) werden."

Fragestellungen:
- Wie wurde bei der Ausschreibung der Maßnahme, bzw. bei der Werbung ein ausgeglichenes Verhältnis von Jungen und Mädchen angestrebt?
- Welche geschlechtsspezifischen Angebote wurden im Rahmen der Maßnahme durchgeführt; mit welchen Methoden bzw. mit welchem organisatorischen Instrumentarium wurde das Ziel der Emanzipation im Rahmen der Maßnahme verfolgt?
- Wie wurden diese Angebote oder Instrumente durch die TN angenommen?
- Wie haben die Jungen und Mädchen diese Angebote bewertet?
- Wie beurteilt das Leitungsteam der Maßnahme die durchgeführten Angebote; wie bewertet es die Reaktion der Teilnehmenden?

II.2. Formen der Zusammenarbeit zwischen Jugendhilfe und Schule

Angebote am Nachmittag für Kinder im schulpflichtigen Alter, vor allem der 10- bis 14-Jährigen.

II.2.1. Pädagogische Kategorie Partizipation

Die Begrifflichkeit „Partizipation" meint Beteiligung. Der Begriff bleibt jedoch inhaltsleer, solange nicht konkret gesagt wird, wor-

an man beteiligt ist oder beteiligt wird oder sich beteiligt.
Beteiligung kann sich beziehen auf die Mitgestaltung von Raum und Zeit, die Kommunikation und Interaktion, die dort stattfindet und auf die Organisation und Finanzierung.

Fragestellungen:
- Wie ist die Beteiligung in Bezug auf die inhaltliche Ausgestaltung der im Projekt verbrachten Zeit?
- Wie können Kinder über die Zeit ihres Kommens und Gehens entscheiden?
- Sind die allgemeinen sowie die Konfliktregelungen, die Kommunikations- und Interaktionsstile und die Umgangsformen vereinbart worden und wie waren die Teilnehmer daran beteiligt?
- Sind die Teilnehmer an der Gestaltung der Räume beteiligt?
- Wie bewerten die Kinder dieses Angebot?
- Wie ist die Schule an dem Projekt beteiligt?

II.2.2. Pädagogische Kategorie Integration

Unter Integration sind gezielte Handlungen oder Regelungen zu verstehen, um in einer Gruppe oder einem sozialen Gefüge Benachteiligungen oder Ausgrenzungen zu vermeiden oder ggf. entgegenzuwirken.
Von diesen können Einzelne oder eine oder mehrere Untergruppen betroffen sein.
Grundüberzeugung ist die Gleichwertigkeit aller Menschen, unabhängig von sozialer Herkunft, Geschlecht, Alter, körperlicher oder geistiger Unversehrtheit, ethnischer Zugehörigkeit, Nationalität, Konfession oder Religion.
Integration zu erreichen, setzt Bestrebungen aller voraus, die zur Gruppe oder dem sozialen Gefüge gehören.

Fragestellungen:
- Auf wen bezieht sich die Integration in der Gruppe (Integration von Einzelnen oder Untergruppen auf Grund welcher Merkmale)?
- Um was geht es bei der Integration:
- Abbau von Vorurteilen und Rassismus, Lösung von Konflikten.
- Welche pädagogischen Interventionen wurden ergriffen?
- Welche Interaktions- und Kommunikationsmerkmale fördern bzw. behindern Integration?"

III. Instrumente der Erhebung/ Zusammenfassung

Im Hinblick auf diesen Arbeitsbereich sind folgende Verabredungen getroffen worden:
- Die Fragestellungen sind allgemeiner Art und können verbandsspezifisch umgesetzt werden. Damit die Anworten auf der Ebene Landesjugendring ausgewertet werden können, sollte dieser Punkt genau beachtet werden.
- Zur Umsetzung des Wirksamkeitsdialoges in den Verbänden, sollte jeder Verband eine/n Koordinator/in bestimmen. In Kürze wird dieser Personenkreis zusammengerufen und ggf. offene Fragen der Umsetzung diskutieren. Der Moderator des Wirksamkeitsdialoges, Christoph Gilles, wird an diesem Treffen teilnehmen.
- Zur Erfassung von Daten zum Bereich Jugenderholung wird vorgeschlagen:
Auf Grund der Anzahl der von den einzelnen Verbänden durchgeführten Maßnahmen sollten die Verbände
AEJ, BDKJ,
Sportjugend, RdP
und SJD – Die Falken: je 10 Maßnahmen
DGB Jugend: 5 Maßnahmen
alle weiteren Verbände: je 2 Maßnahmen
erheben.
Die Daten sollen dem Landesjugendring bis Anfang Oktober d.J. zugeleitet werden. Vorgesehen ist, dass der Dialog über das zusammengefasste Datenmaterial am 21. November d.J. beginnen kann.
- Für den Bereich Formen der Zusammenarbeit zwischen Jugendhilfe und Schule wird vorgeschlagen:
Alle Verbände erfassen jede fünfte Maßnahme ihres Verbandes, mindestens aber eine Maßnahme.
Die erfassten Ergebnisse sollten dem Landesjugendring Anfang November d.J. vorliegen. Der Dialog über die zusammengefassten Daten soll in der ersten Sitzung des Wirksamkeitsdialoges 2001 beginnen.

Der Wirksamkeitsdialog und seine Organisation in der Arbeitsgemeinschaft der Evangelischen Jugend in Nordrhein-Westfalen – Bericht aus einem laufenden Verfahren

Roland Mecklenburg

1. Die Organisation und der Dialog

Um es gleich vorweg zu nehmen: Die Implementierung des Wirksamkeitsdialoges in den 1999 in Kraft getretenen Landesjugendplan ist in der Arbeitsgemeinschaft der Evangelischen Jugend in Nordrhein-Westfalen (AEJ NRW) zunächst auf große Skepsis gestoßen. Dies hatte sowohl inhaltliche als auch strukturelle Gründe, die der Organisationsform des Verbandes geschuldet sind.

Die inhaltlichen Bedenken beruhten im Wesentlichen auf der Tatsache, dass der Wirksamkeitsdialog zum Zeitpunkt der Inkraftsetzung des Landesjugendplanes selbst bestenfalls andeutungsweise konturiert war. Angesichts der Erfahrungen mit der Einführung von Qualitätssicherungskonzepten, Produktdefinitionen und Controllingverfahren im Zuge des so genannten Neuen Steuerungsmodells der kommunalen Gemeinschaftsstelle war befürchtet worden, der Wirksamkeitsdialog könnte sich zu einem aufwendigen, unmittelbar förderungsrelevanten und der Arbeit des Verbandes kaum gerecht werdenden Bewertungsinstrument entwickeln.

Hinsichtlich der strukturell bedingten Vorbehalte ist zunächst festzustellen, dass die AEJ NRW flächendeckend in nahezu allen Städten und Kreisen in NRW vertreten ist. Über die Jugendvertretungen der rheinischen, der Westfälischen und der Lippischen Landeskirche vertritt sie die organisierte Gemeindejugend aus insgesamt 1.150 Gemeinden und weitere in NRW tätige Jugendverbände wie den CVJM, den Jugendverband „Entschieden für Christus" oder die Evangelische Schülerinnen- und Schülerarbeit im Rheinland und in Westfalen sowie die Jugend der fünf evangelischen Freikirchen in NRW. Die Aufgaben der Leitungsgremien bestehen angesichts der Tiefe der Organisationsstrukturen und der Pluralität der inhaltlichen Positionen im Wesentlichen in der jugendpolitischen Vertretung auf der Landesebene und der Koordination der Aktivitäten der Mitglieder. Top-down-Entscheidungen etwa von Vorstandsgremien ohne die Beteiligung der regionalen Strukturen sind damit nicht nur nicht jugendverbandsgemäß, sondern auch kaum durchsetzbar. Insofern war bereits bei der Einführung des Wirksamkeitsdialoges für die AEJ NRW deutlich, dass dieser nur dann umsetzbar sein würde, wenn insbesondere bei den ehrenamtlich Tätigen eine entsprechende Akzeptanz erreicht und der erwartbare Nutzen der Ergebnisse des Dialoges dargestellt werden könnte.

Erfahrungen mit einer verbandszentral durchgeführten Erhebung spezifischer Daten lagen in der AEJ NRW bis zum Beginn des Wirksamkeitsdialoges lediglich für das Feld der Jugenderholung vor. In einer 1997 durchgeführten Befragung der geförderten Maßnahmen wurden Ferienfreizeiten anhand bestimmter Kategorien (Ort, pädagogische Inhalte, Problemstellungen, Schulung der Mitarbeiterinnen und Mitarbeiter) ausgewertet. Die Erhebung lieferte eine bis dahin nicht verfügbare Datenbasis. Ihre Typologie ließ letztendlich jedoch nur eine verbandsinterne Diskussion und Bewertung der Ergebnisse zu. Um mögliche oder wünschenswerte Veränderungsprozesse zu initialisieren waren die erhobenen Daten weitgehend ungeeignet.

2. Parameter des Wirksamkeitsdialoges

Mit der Verabschiedung der im Folgenden sinngemäß wiedergegebenen Kernthesen des Landesjugendrings, die mit den Vorstellungen und Zielen des federführenden Landesjugendamtes Rheinland und des Ministeriums für Frauen, Jugend, Familien und Gesundheit des Landes zur Übereinstimmung gebracht werden konnten, wurden wesentliche Vorbehalte der AEJ NRW gegenstandslos:

1. Der Wirksamkeitsdialog mit den landeszentral tätigen Jugendverbänden erfolgt auf der Landesebene zwischen den Landesjugendämtern, der Obersten Landesjugendbehörde (Ministerium), dem Landesjugendring und Vertreterinnen und Vertretern der Träger.
2. Es sind Modelle für den Wirksamkeitsdialog resp. für die Erhebung und Erfassung des erforderlichen Datenmaterials zu entwickeln, die der ehrenamtlich getragenen Struktur der Verbände Rechnung tragen.
3. Der Wirksamkeitsdialog kann kein Dialog über die Verhältnismäßigkeit von Mitteleinsatz und „Wirkung" sein, sondern muss maßnahmebezogen erfolgen.
4. Gegenstände des Wirksamkeitsdialoges sind Arbeitsfelder, Ziele, Maßnahmen und Projekte.
5. Der Landesjugendring ist zusätzlich zu den einzelnen Trägern am Wirksamkeitsdialog zu beteiligen.
6. Es wird ein schrittweiser Einstieg in den Wirksamkeitsdialog mit zeitlicher Abstufung für erforderlich erachtet.
7. Der Wirksamkeitsdialog erfordert einen Methodenmix hinsichtlich der Datenerfassung und -bearbeitung, die den individuellen Gegebenheiten der Verbände Rechnung trägt.
8. Der Wirksamkeitsdialog kann und darf kein Ersatz für Jugendhilfeplanung sein. Er ist insofern kein Steuerungsinstrument.

Im weiteren Beratungsgang innerhalb des Wirksamkeitsdialoges wurde nach einem ersten wenig aussagekräftigen Testlauf beschlossen, im laufenden Jahr

2000 mit dem Feld „Jugenderholung" einen für die meisten Jugendverbände traditionell zentralen Bereich ihrer Arbeit und mit dem Feld „Kooperation von Jugendarbeit und Schule" (verlässliche Angebote am Nachmittag vorrangig für 10- bis 14-Jährige) einen Förderschwerpunkt der neuen Handlungsfelder des Landesjugendplans zu evaluieren. Je nach Größe des Verbandes und abhängig von der Gesamtzahl der jeweils durchgeführten Maßnahmen sollen im Bereich Jugenderholung zwischen 2 und 10 Maßnahmen im Bereich Kooperation Jugendarbeit und Schule (pro Verband jede fünfte, mindestens jedoch eine Maßnahme) ausgewertet werden. Die Jugenderholungsmaßnahmen werden hinsichtlich der pädagogischen Kategorien Partizipation und Emanzipation, die Kooperationsprojekte hinsichtlich der Kategorien Partizipation und Integration bewertet. Hierzu sind gemeinsam Fragestellungen verabredet worden, die von den Verbänden in jeweils ihrem Verband gemäße Fragen umgesetzt wurden. Auf Verbandsebene erfolgt eine Bündelung der Daten anhand der vorgegebenen Fragestellungen. Diese Daten werden auf der Ebene des Landesjugendrings zusammengetragen und bilden die Grundlage für die Bewertung der Ergebnisse im Wirksamkeitsdialog.[1]

3. Evaluation der Jugenderholungsmaßnahmen in der AEJ NRW

Die Mitglieder der AEJ NRW führen jährlich im Durchschnitt zwischen 1.100 und 1.300 Jugenderholungsmaßnahmen durch. In den Leitungsteams dieser Maßnahmen sind weit über 5.000 Ehrenamtliche engagiert. Die ca. 36.000 Jungen und Mädchen, die jährlich eines der Angebote wahrnehmen, sind mehrheitlich zwischen 8 und 16 Jahre alt; die Gruppenstärke liegt zwischen 10 und über 40 Teilnehmenden.

Auch um das eigene methodische Spektrum zu erproben hat sich die AEJ NRW für das laufende Jahr entschieden, parallel zwei Instrumente zu entwickeln. Dabei handelt es sich zum einen um einen mit 6 Seiten zwar umfangreichen jedoch ohne großen zeitlichen Aufwand auszufüllenden Fragebogen und zum anderen um ein Evaluationsprojekt im engeren Sinne, in dem Tagebucheinträge ausgewertet werden, die während der Maßnahme anhand eines vorgegebenen Rasters durch die Leitungsteams aufgezeichnet wurden. Die letztgenannte Methode orientiert sich dabei an der Methodik qualitativer Forschung.

3.1 Fragebogen

Der Fragebogen stellt eine in der Nutzung und Auswertung wenig aufwendige Möglichkeit dar, die verabredeten Fragestellungen für die jeweiligen Maßnahmen umzusetzen. Bei der Ausgestaltung des Bogens war konzeptionelles Ziel, insbesondere für die zahlreichen ausschließlich von Ehrenamtlichen geleiteten

Jugenderholungsmaßnahmen ein vom zeitlichen Aufwand her handhabbares Instrumentarium zu entwickeln, das dennoch auswertbare und vergleichsweise zuverlässige Daten liefert. Anders als die unten beschriebene Methode des Freizeittagebuches ist der Fragebogen letztlich allerdings anonymer, sind die Ergebnisse kaum kontrollierbar und können die gewonnenen Erkenntnisse für die jeweilige Maßnahme selbst in der Regel nicht mehr fruchtbar gemacht werden. Der Fragebogen umfasst beide zu evaluierenden pädagogischen Kategorien.

In der Kategorie Partizipation steht an erster Stelle die Frage, ob Partizipation konzeptionelles Ziel der Maßnahme war. Die folgenden Fragen sind jedoch auch zu beantworten, wenn dies verneint wurde. Der zweite Fragenkomplex hat die Beteiligung der Kinder und Jugendlichen an der Vorbereitung der Maßnahme zum Gegenstand. Nach der Abfrage, ob die Kinder und Jugendlichen überhaupt an der Vorbereitung der Maßnahme beteiligt waren, sind neben offenen Kategorien mehrere für die Vorbereitung einer Jugenderholungsmaßnahme relevante Entscheidungen aufgelistet, die grundsätzlich eine Beteiligung durch die Teilnehmenden ermöglichen, sofern die Maßnahme mit einer bestehenden Gruppe durchgeführt wird oder entsprechende Vorbereitungstreffen stattfinden. Benannt sind
- die Auswahl des Reiseziels,
- die Auswahl des benutzten Verkehrsmittels,
- die Gestaltung des Programms,
- thematische Angebote,
- Angebote der Freizeitgestaltung,
- Gemeinsame Aktivitäten (Ausflüge, Feste ...),
- Tagesstruktur,
- die Essensplangestaltung (etwa bei Selbstversorgermaßnahmen),
- die Mitbestimmung über das der Maßnahme frei zur Verfügung stehende Budget,
- Regeln,
- die Verabredung über freiwillige und verpflichtende Programmpunkte,
- Verabredungen über Beteiligungsformen während der Maßnahme.

Um diese Ergebnisse genauer zu qualifizieren wird gefragt, mit welchen Instrumenten die Beteiligung erfolgte, so z. B. gemeinsame Verabredung bei Gruppentreffen, Abfrage mit der Anmeldung, Vorschlag der Leitung und Abstimmung durch die TN bei einem Vortreffen, Vorschläge von und Abstimmung durch TN bei einem Vortreffen, Ideensammlung bei Vortreffen – Planungsentscheidung durch die Leitung.

Zur Bewertung dieser Resultate wird anschließend erhoben, wie hoch der Anteil der an der Vorbereitung der Maßnahme beteiligten Teilnehmer/innen bezogen auf die Gesamtzahl war. Die Nutzung dieser Partizipationsangebote durch die Jugendlichen soll bezogen auf die oben genannten Einzelentscheidungen in vier Kategorien erfolgen (gut genutzt, weniger genutzt, nicht genutzt bzw. entfällt). Falls die Teilnehmenden befragt wurden, wie sie die Beteiligungsmöglichkeiten bewerten, ist dies auf einer Skala (es hat viel Spaß – gar keinen Spaß gemacht) anzugeben. Abschließend erfolgt die Abfrage hinsichtlich der Bewertung der Beteiligungsformen durch die Leitung auf einer Skala von positiv bis negativ.

Die gesamte Struktur wiederholt sich im Folgenden für die Abfrage nach Partizipationsmöglichkeiten und -angeboten, ihrer Nutzung durch die Teilnehmenden und ihrer Bewertung. Ergänzend wird gefragt, mit welchen Methoden bzw. Instrumenten die Beteiligung erfolgte, wie etwa einem Lagerrat, einer gewählte Sprecher/innengruppe, in einem Gruppenplenum oder in Abstimmungen über Vorschläge der Teilnehmenden oder der Leitung. Benannt werden ebenfalls Fragebögen, Diskussionen in Kleingruppen sowie Einzelgespräche zwischen Leitung und Teilnehmer/innen. Die Frage nach der Nutzung der Beteiligungsmöglichkeiten während der Maßnahme entspricht im Wesentlichen den Items, die bezüglich ihrer Vorbereitung benannt wurden. Ergänzend wird erhoben, ob die Nutzung der Beteiligungsmöglichkeiten im Verlauf der Maßnahme zunahm, abnahm oder gleich blieb. Die Zu- oder Abnahme soll aus Sicht des Leitungsteams begründet werden. Abschließend ist das Leitungsteam aufgefordert, ein Fazit seiner Bewertung der Instrumentarien und ihrer Nutzung durch die Teilnehmenden zu ziehen. Dies geschieht zum einen durch Nennung möglicher Konsequenzen:
– die Beteiligungsmöglichkeiten sollen verstärkt werden,
– wir müssen über neue Beteiligungsformen nachdenken,
– die Beteiligungsmöglichkeiten können reduziert werden,
– es kann alles so bleiben,
zum anderen durch Zustimmung oder Ablehnung zu folgenden Aussagen auf einer Skala von 1-6:
Die Teilnehmenden (TN) wollen möglichst umfassend beteiligt sein.
Die TN sind von unseren Beteiligungsformen überfordert.
Die TN wollen vor allem konsumieren.
Die Mitbestimmung bei Freizeiten ist Lernen fürs Leben.
Die TN haben keine Erfahrung mit Mitbestimmung.
Die Mitbestimmung der TN erleichtert der Leitung das Leiten.

In der Kategorie Emanzipation steht am Anfang die Frage, ob die Maßnahme geschlechtsspezifisch oder koedukativ ausgeschrieben wurde und ob bereits mit der Ausschreibung ein ausgeglichenes Verhältnis zwischen Jungen und Mädchen angestrebt wurde. Hierzu ergänzend wird die Zusammensetzung der Teilnehmendengruppe nach Geschlecht erhoben. Ob geschlechtsspezifische Aspekte bei der Ausgestaltung der Maßnahme eine Rolle spielten, etwa bei der Verteilung der Schlafplätze, der Gestaltung der 'Dienste' (z.B. Küchendienst), der Gestaltung der Angebote oder der Zusammensetzung des Leitungsteams, ist anschließend anzugeben. Erfragt wird weiterhin, wie die Berücksichtigung der geschlechtsspezifischen Aspekte von den Teilnehmenden bewertet wurde und welche Unterschiede in der Bewertung zwischen den Mädchen und den Jungen bestehen.

Die Erhebung der Ermittlung dieser Bewertung sieht neben offenen die Kategorien Befragung, Beobachtung, durch Gruppengespräche, Einzelgespräche oder Leitung vor. Spezielle Angebote mit dem Ziel der Emanzipation sind danach zu kategorisieren, ob sie zum Ziel hatten, die Gleichberechtigung von Mädchen und Jungen zu fördern, Benachteiligungen von Mädchen bzw. Jungen abzubauen oder die jeweilige Geschlechterrolle zu reflektieren. Als mögliche Methoden sind als Vorgabe Gruppenarbeit, Einzelgespräche, Kleingruppenarbeit benannt, die Nennung sonstiger Methoden ist ebenfalls vorgesehen. Für die Nutzung und Bewertung dieser Angebote durch die Teilnehmenden gelten sinngemäß die oben benannten Kategorien und Methoden. Bei Maßnahmen, bei denen Emanzipation nicht thematisch oder konzeptionell auf der „Tagesordnung" stand, könnte dies dennoch im Verlauf der Maßnahme in informellen Gesprächen, bei Konflikten oder in Beratungsgesprächen thematisiert worden sein. Entsprechende Kategorien sehen die abschließende Frage zur Kategorie Emanzipation vor.

Der Fragebogen endet mit der Möglichkeit, den Fragebogen selbst zu bewerten. Zu antworten ist auf die Frage, ob das Leitungsteam durch die Befragung Anregungen für die Beteiligung der Teilnehmer/innen oder zur inhaltlichen Gestaltung der Maßnahme erhalten hat, ob das Team sich in seiner Konzeption bestärkt sieht oder die Notwendigkeit von Beteiligungsformen erkannt hat. Erlaubt ist auch mitzuteilen, wenn der Fragebogen dem Team vor allem viel Arbeit gemacht hat.

3.2 Freizeittagebuch

Die Evaluation der Kategorien Partizipation und Emanzipation kann darüber hinaus alternativ oder ergänzend anhand eines durch das Leitungsteam der Maßnahme zu führenden Tagebuches erfolgen. Vor oder zu Beginn der Maßnahme soll das Leitungsteam zunächst seine konzeptionellen Überlegungen schriftlich skizzieren: Ausgangslage, Bedarfs-Begründung, generelle pädagogische Zielsetzungen sowie Zielsetzungen im Hinblick auf die zu bewertenden pädagogischen Kategorien. An jedem Tag der Maßnahme sollen dann entsprechend den Fragestellungen in der Kategorie Partizipation jeweils 4 Beobachtungen, differenziert nach Beteiligungsmöglichkeit, Beteiligungsform, Nutzung der Möglichkeiten durch die Teilnehmenden, Bewertung durch die Teilnehmenden und die Leitung, notiert werden. Analog gilt dies für die Kategorie Emanzipation. Hier sollen jeweils fünf Beobachtungen entsprechend den fünf Fragestellungen (Angebote, Methoden und Regelungen, Annahme und Akzeptanz seitens der Teilnehmenden, Bewertung der Angebote durch die Mädchen bzw. die Jungen und das Leitungsteam, Bewertung der Reaktion auf die Angebote durch das Leitungsteam) aufgezeichnet werden. Diese Methode bietet den Vorteil, dass sich bereits im Verlauf der Maßnahme Prozesse untersuchen lassen und Angebote und Methoden ggf. variieren lassen. Somit sind die Themen Partizipation und Emanzipation während der gesamten Maßnahme präsent. Die Leitungsteams der Maßnahmen wurden im Vorfeld in diese Verfahrensweise eingeführt. Im

Rahmen einer Auswertungstagung werden die Ergebnisse aller einbezogenen Maßnahmen durch die Leitungsteams zusammengetragen, diskutiert, bewertet und zu einem Gesamtergebnis zusammengefasst, das den Beitrag der AEJ NRW im Wirksamkeitsdialog darstellt.

4. Evaluation der Projekte im Bereich der Kooperation von Jugendarbeit und Schule in der AEJ NRW

Die Evaluation der Kooperationsprojekte stößt zunächst an zwei grundsätzliche Grenzen. Zum einen erfolgt sie zu einem Zeitpunkt, zu dem die Projekte noch nicht abgeschlossen sind. Zumindest hinsichtlich der Bewertung der Kategorie Integration werden daher keine abschließenden Ergebnisse vorliegen können, sondern lediglich zum Zeitpunkt der Erhebung gegenwärtige Erkenntnisse zu reflektieren sein. Zum anderen stellt sich methodisch die Schwierigkeit, die zu evaluierenden Gruppenprozesse realitätsgerecht und vergleichbar darzustellen. Insofern hat sich die AEJ NRW in diesem Feld dazu entschieden, die Evaluation jeweils exemplarisch anhand zweier ausgewählter, das Thema Integration betreffender Situationen vorzunehmen. Zur allgemeinen Kategorisierung und Vergleichbarkeit der Projekte erfolgt durch die Leitung des einzelnen Projektes zunächst eine Beschreibung der Projekte hinsichtlich

– der beteiligten Kooperationspartner,
– der (vorgesehenen und geförderten) Dauer des Projektes,
– der Personalausstattung,
– der sozialräumlichen Ausgangssituation (sozialräumliche Lage des Hauses, in dem das Projekt stattfindet, Ressourcen und Problemlagen der Kinder und Jugendlichen im Stadtteil, ggf. erfolgte Kooperationen bzw. Vernetzungen mit anderen Angeboten des Hauses bzw. zu den bisher dort stattgefundenen Aktivitäten),
– der pädagogischen Ziele des Projektes,
– der vorhandenen Räume und Angebote,
– des Alters und der sozialen Herkunft der Kinder und Jugendlichen.

Darüber hinaus sollen eventuell im Verlauf des Projektes durchgeführte konzeptionelle Änderungen dokumentiert werden und Informations- und Werbematerialien für Kooperationspartner, Eltern und Jugendliche bereitgestellt und in die Auswertung einbezogen werden.

4.1 Evaluation ausgewählter Situationen

Die Evaluation der pädagogischen Kategorien Partizipation und Integration soll exemplarisch jeweils durch Dokumentation zweier ausgewählter (pädagogischer) Situationen eines jeden Projektes erfolgen. Diese Dokumentation erfolgt anhand der in den Fragestellungen bezeichneten Parameter. Die einzelnen Dokumentationen sind Gegenstand einer gemeinsamen Auswertungstagung, bei der die vorliegenden Ergebnisse diskutiert und bewertet werden. Diese Tagung erfolgt unter Beteiligung aller in die Evaluation einbezogenen Projekte. Die Ergebnisse dieser Auswertung werden zusammengefasst als Bericht der AEJ NRW in den Wirksamkeitsdialog eingebracht. Da sich das konkrete methodische Vorgehen noch in der Entwicklung befindet, kann eine detaillierte Beschreibung der Evaluation an dieser Stelle noch nicht erfolgen.

5. Schlussbemerkung

Wie eingangs dargestellt betritt die AEJ NRW mit der von ihr gewählten Umsetzung der Fragestellungen des Wirksamkeitsdialoges strukturell und methodisch Neuland. Insofern gilt, dass diese Darstellung als Bericht aus einem laufenden Verfahren lediglich Absichten, Zielsetzungen und Vorgehensweisen darstellen konnte. Ob und inwieweit sich die gewählten Verfahren bewähren, wird nach Vorliegen der Ergebnisse zu bewerten sein. Die Rückmeldungen der in die Evaluationen einbezogenen Maßnahmen und Projekte lassen zum gegenwärtigen Zeitpunkt ein positives Resultat erwarten. Die AEJ NRW hat die erklärte Absicht, ihre Ergebnisse und Erkenntnisse nicht nur in den gesamten Wirksamkeitsdialog einfließen zu lassen, sondern auch innerverbandlich zu diskutieren und – falls erforderlich – entsprechende Veränderungen vorzunehmen. Methoden, Chancen und ggf. Grenzen der Umsetzung von Erkenntnissen aus Evaluationsprozessen in den Jugendverbänden in NRW könnten zu gegebener Zeit auch ein Gegenstand von Evaluation im Wirksamkeitsdialog werden.

Anmerkung

1 Grundlage für dieses Verfahren bildet ein Beschluss des Hauptausschusses des Landesjugendringes vom 13.3.2000. Der Wortlaut dieses Beschlusses, siehe S. 49 f. in diesem Buch.

Landesjugendplan 2000
Pos. I - Kinder- und Jugenderholungsmaßnahmen
hier: Wirksamkeitsdialog (Pkt. 1.4 der Allgem. Förderrichtlinien)

Der folgende Fragebogen (komprimierte Darstellung) will die Planung und Durchführung von Kinder- und Jugenderholungsmaßnahmen unter zwei Kategorien auswerten:

I. Kategorie: PARTIZIPATION

1. **Die Beteiligung der Teilnehmerinnen und Teilnehmer war konzeptionelles Ziel unserer Maßnahme**: (auch wenn „Nein" angekreuzt wurde, bitte die folgenden Fragen beantworten)

2. **Die Teilnehmerinnen waren an der Planung und Vorbereitung der Maßnahme beteiligt**
    ☐ Ja ☐ Nein

2.1 **Die Beteiligung an der Planung und Vorbereitung der Maßnahme betraf**
    ☐ die Auswahl des Reiseziels
    ☐ die Auswahl des benutzten Verkehrsmittels
    ☐ die Gestaltung des Programms
    ☐ thematische Angebote
    ☐ Angebote der Freizeitgestaltung
    ☐ Gemeinsame Aktivitäten (Ausflüge, Feste ...)
    ☐ Tagesstruktur (Essenszeiten ...)
    ☐ die Essensplangestaltung (nur bei Selbstversorgermaßnahmen)
    ☐ die Mitbestimmung über das der Maßnahme frei zur Verfügung stehende Budget (kein Taschengeld!). Wie hoch war das Budget? _____ DM.
    ☐ Regeln (Schlafenszeiten etc.)
    ☐ die Verabredung über freiwillige und verpflichtende Programmpunkte
    ☐ Verabredungen über Beteiligungsformen während der Maßnahme
    ☐ _____
    ☐ _____

2.2 **Mit welchen Instrumenten erfolgte die Beteiligung?**
    ☐ gemeinsame Verabredung bei Gruppentreffen
    ☐ Abfrage mit der Anmeldung
    ☐ Vorschlag der Leitung und Abstimmung durch die TN bei einem Vortreffen
    ☐ Vorschläge von und Abstimmung durch TN bei einem Vortreffen
    ☐ Ideensammlung bei Vortreffen - Planungsentscheidung durch die Leitung

2.3 **Wie hoch war der Anteil der an der Vorbereitung der Maßnahme beteiligten Teilnehmer/innen bezogen auf die Gesamtzahl?**
    – Teilnehmer/innen insgesamt   _____
    – davon an der Vorbereitung und Planung beteiligt   _____

DER WIRKSAMKEITSDIALOG UND SEINE ORGANISATION

2.4 **Die Teilnehmer/innen haben die Beteiligungsmöglichkeiten an der Vorbereitung und Planung bei:**

	gut genutz	weniger genutzt	nicht genutzt	entfällt
• der Auswahl des Reiseziels • der Auswahl des Verkehrsmittels • den thematischen Angeboten der Freizeitgestaltung • den gemeinsamen Aktivitäten der Tagesstruktur • der Erstellung der Regeln • den freiwilligen bzw. verpflichtenden Programmpunkten • der Essensplangestaltung • der Budgetnutzung • den Beteiligungsformen während der Maßnahme • _____ • _____				

2.5 **Wurden die Teilnehmer/innen befragt, wie sie die Beteiligungsmöglichkeiten bei der Planung & Vorbereitung der Maßnahme bewerten?**
☐ Ja   ☐ Nein

2.6 **Wie wurden die Beteiligungsmöglichkeiten aus Sicht der Teilnehmer/innen bewertet? Die Teilnehmer/innen hatten:**
☐ viel Spaß
☐ Spaß
☐ weniger Spaß
☐ gar keinen Spaß an den Beteiligungsformen zur Vorbereitung und Planung der Maßnahme

2.7 **Wie wurden die Beteiligungsformen aus der Sicht der Leitungskräfte bewertet?**
☐ positiv
☐ eher positiv
☐ eher negativ
☐ negativ

3. **Die Teilnehmer/innen waren während der Maßnahme beteiligt an**
☐ der Wahl thematischer Angebote

DER WIRKSAMKEITSDIALOG UND SEINE ORGANISATION

☐ der Freizeitgestaltung
☐ der Auswahl gemeinsamer Aktivitäten
☐ der Tagesstruktur
☐ der Aufstellung von Regeln
☐ der Festlegung freiwilliger und verpflichtender Programmpunkte
☐ der Essensplangestaltung
☐ der Entscheidung über Beteiligungsformen während der Maßnahme
☐ der Budgetverantwortung
☐ _____
☐ _____

3.1 Mit welchen Instrumenten erfolgte die Beteiligung:

	Häufigkeit:		
	Täglich	wie oft	bei Bedarf
☐ Lagerrat	☐	☐ Mal	☐
☐ Gewählte Sprecher/innengruppe	☐	☐ Mal	☐
☐ Gruppenplenum	☐	☐ Mal	☐
☐ Abstimmung über Vorschläge der Leitung	☐	☐ Mal	☐
☐ Abstimmung über Vorschläge der TN	☐	☐ Mal	☐
☐ Fragebögen	☐	☐ Mal	☐
☐ Kleingruppen	☐	☐ Mal	☐
☐ Einzelgespräche zwischen Leitung und Teilnehmer/innen	☐	☐ Mal	☐
☐ _____	☐	☐ Mal	☐
☐ _____	☐	☐ Mal	☐

3.2 Die Teilnehmer/innen haben die Beteiligungsmöglichkeiten zu den

	gut genutzt	weniger genutzt	nicht genutzt	entfällt
thematischen Angeboten				
der Freizeitgestaltung				
den gemeinsamen Aktivitäten				
der Tagesstruktur				
den Regeln				
den freiwilligen und verpflichtenden Programmpunkten				
den Beteiligungsformen				
der Essensplangestaltung				
der Budgetnutzung				
_____				
_____				

DER WIRKSAMKEITSDIALOG UND SEINE ORGANISATION

3.3 Nutzung der Beteiligungsmöglichkeiten der Teilnehmer/innen im Laufe der Maßnahme
☐ nahm zu ☐ nahm ab ☐ blieb gleich
Bei Zu- oder Abnahme:
Welche Gründe führten aus Sicht der Leitungskräfte zu dieser Entwicklung?
_____

3.4 Wurden die Teilnehmer/innen befragt, wie sie die Beteiligungsmöglichkeiten während der Maßnahme bewerten?
☐ Ja ☐ Nein

3.5 Wie wurden die Beteiligungsmöglichkeiten aus Sicht der Teilnehmer/innen bewertet? Die Teilnehmer/innen hatten:
☐ viel Spaß
☐ Spaß
☐ weniger Spaß
☐ keinen Spaß an den Beteiligungsmöglichkeiten während der Maßnahme.

3.6 Wie wurden die Beteiligungsmöglichkeiten während der Maßnahme von den Leitungskräften bewertet?
☐ positiv
☐ eher positiv
☐ eher negativ
☐ negativ

3.7 Welche Konsequenzen ziehen die Leitungskräfte aus diesen Erfahrungen für kommende Maßnahmen?
☐ Die Beteiligungsmöglichkeiten sollen verstärkt werden
☐ Wir müssen über neue Beteiligungsformen nachdenken
☐ Die Beteiligungsmöglichkeiten können reduziert werden
☐ Es kann alles so bleiben

3.8 Aufgrund der Erfahrungen mit dieser Maßnahme werden die folgenden Aussagen auf einer Skala von 1 (trifft zu) bis 6 (trifft nicht zu) bewertet:

Die TN wollen möglichst umfassend beteiligt sein	1 - 2 - 3 - 4 - 5 - 6
Die TN sind von unseren Beteiligungsformen überfordert	1 - 2 - 3 - 4 - 5 - 6
Die TN wollen vor allem konsumieren	1 - 2 - 3 - 4 - 5 - 6
Die Mitbestimmung bei Freizeiten ist Lernen fürs Leben	1 - 2 - 3 - 4 - 5 - 6
Die TN haben keine Erfahrung mit Mitbestimmung	1 - 2 - 3 - 4 - 5 - 6
Die Mitbestimmung der TN erleichtert der Leitung das Leiten	1 - 2 - 3 - 4 - 5 - 6

II. Kategorie: EMANZIPATION

Die folgenden Fragen beziehen sich auf die Emanzipation. Dabei wird Emanzipation in einem eingegrenzten Verständnis wie folgt definiert:

Der Begriff Emanzipation wird verstanden im Sinne des § 9 KJHG: „Bei der Ausgestaltung von Leistungen und der Erfüllung von Aufgaben sind (…) 3. die unterschiedlichen Lebenslagen von Mädchen und Jungen zu berücksichtigen, Benachteiligungen abzubauen und die Gleichberechtigung von Mädchen und Jungen zu fördern." sowie entsprechend den Zielvorgaben des Landesjugendplans: „Die Landesförderung ist so gestaltet, dass vorrangig solche Träger, Einrichtungen und Angebote gefördert werden, die sicherstellen, das (…) verstärkt geschlechtsspezifische Ansätze der Sozialisation als Querschnittsaufgabe (…) berücksichtigt (…) werden."

1. **Ausschreibung der Maßnahme**
   - ☐ die Maßnahme war nur für Mädchen ausgeschrieben
   - ☐ die Maßnahme war nur für Jungen ausgeschrieben
   - ☐ die Maßnahme war für Mädchen und Jungen ausgeschrieben
   - ☐ es wurde ein ausgeglichenes Verhältnis zwischen Jungen und Mädchen angestrebt

2. **Die Teilnehmer/innen setzten sich wie folgt zusammen:**
   Teilnehmer/innen insgesamt: _____
   davon Mädchen _____
   davon Jungen _____

3. **Spielten geschlechtsspezifische Aspekte bei der Ausgestaltung der Maßnahme eine Rolle:**

	Ja	zum Teil	nein
bei der Verteilung der Schlafplätze	☐	☐	☐
bei der Gestaltung der „Dienste" (z.B. Küchendienst)	☐	☐	☐
bei der Gestaltung der Angebote	☐	☐	☐
Bei der Zusammensetzung des Leitungsteams	☐	☐	☐

   _____
   _____

4. **Wie wurde die Berücksichtigung der geschlechtsspezifischen Aspekte von den Teilnehmer/innen bewertet?**
   - ☐ die Teilnehmer/innen fanden es gut
   - ☐ die Teilnehmer/innen fanden es weniger gut
   - ☐ es war ihnen egal
   - ☐ sie fanden es überflüssig
   - ☐ sie haben es abgelehnt

5. **Gab es einen Unterschied in der Bewertung zwischen den Mädchen und den Jungen?**
   - ☐ Ja - Wenn ja: Welchen?_____
   - ☐ Nein

DER WIRKSAMKEITSDIALOG UND SEINE ORGANISATION

6. **Wie wurde die Bewertung ermittelt?**
☐ durch Befragung
☐ durch Beobachtung
☐ im Gruppengespräch
☐ durch Einzelgespräche
☐ durch die Leitung
☐ anders, und zwar _____

7. **Gab es Angebote speziell mit dem Ziel**
7.1 **die Gleichberechtigung von Mädchen und Jungen zu fördern?**
☐ Ja   ☐ Nein

7.2 **Benachteiligungen von Mädchen bzw. Jungen abzubauen?**
☐ Ja   ☐ Nein

7.3 **die jeweilige Geschlechterrolle zu reflektieren?**
☐ Ja   ☐ Nein

8. **Mit welchen Methoden wurde das jeweilige Ziel verfolgt?**
☐ (entfällt, wenn es keine entsprechenden Angebote gab)
☐ Gruppenarbeit
☐ Einzelgespräche
☐ Kleingruppenarbeit
☐ sonstige Methoden, und zwar _____

9. **Wie wurden die Angebote von den Teilnehmer/innen genutzt?**
☐ alle Teilnehmer/innen haben mitgemacht
☐ mehr als die Hälfte der Teilnehmer/innen haben mitgemacht
☐ weniger als die Hälfte haben mitgemacht
☐ kein/e Teilnehmer/in hat mitgemacht

10. **Wie wurden die Angebote von den Teilnehmer/innen bewertet?**
☐ die Teilnehmer/innen fanden die Angebote gut
☐ die Teilnehmer/innen fanden die Angebote weniger gut
☐ sie waren ihnen egal
☐ sie fanden sie überflüssig
☐ sie haben die Angebote abgelehnt

11. **Gab es einen Unterschied zwischen Mädchen und Jungen in der Bewertung der Angebote?**
☐ Ja - Wenn ja, welchen? _____
☐ Nein

12. **Wie wurde die Bewertung ermittelt?**
    ☐ durch Befragung
    ☐ durch Beobachtung
    ☐ im Gruppengespräch
    ☐ durch Einzelgespräche
    ☐ durch die Leitung
    ☐ anders - und zwar _____

13. **Bekam das Thema „Mädchen" bzw. „Jungen" während der Maßnahme eine Bedeutung?**
    ☐ in informellen Gesprächen
    ☐ bei Konflikten
    ☐ in Beratungsgesprächen / Seelsorgegesprächen
    ☐ _____
    ☐ _____

14. **Sind Sie an einem Auswertungsbericht zu diesem Fragebogen interessiert?**
    ☐ Ja   ☐ Nein

15. **Die Beantwortung dieses Fragebogens hat**
    ☐ uns auf neue Ideen für die Beteiligung der Teilnehmer/innen gebracht
    ☐ uns auf neue Ideen zur inhaltlichen Gestaltung der Maßnahmen gebracht
    ☐ uns in unserer Konzeption bestärkt
    ☐ uns die Notwendigkeit von Beteiligungsformen vor Augen geführt
    ☐ uns vor allem viel Arbeit gemacht

Teil 2

Erkundung eines neuen Arbeitsfeldes – Evaluation der Falken Schülerclubs

Theo Schneid, Wulf Erdmann

„Ich kann freilich nicht sagen, ob es besser werden wird,
wenn es anders wird,
aber so viel kann ich sagen:
Es muß anders werden, wenn es gut werden soll."
Georg Christoph Lichtenberg

Die Ausgangslage

Die Überlegungen, Formen und Inhalte der Zusammenarbeit zwischen Schule und Jugendhilfe neu zu definieren, fielen nicht zufällig in die 2. Phase der Diskussion um die Umsetzung des Modernisierungsmodells der Neuen Steuerung. Budgetierung, dezentrale Ressourcenverwaltung, Controlling, Qualitätsmanagement, Evaluation oder Kundenorientierung sind Stichworte einer seit rund 10 Jahren andauernden Debatte, in der auch die bisherigen Arbeitsfelder der Jugendarbeit auf dem Prüfstand standen und stehen. Auch bei der Diskussion um Schule und Jugendarbeit geht es um neue Strukturen, Inhalte und finanzielle Rahmenbedingungen der Zusammenarbeit. Dies nicht zuletzt vor dem Hintergrund verringerter finanzieller Spielräume in den öffentlichen Haushalten. Erhöhung der Effizienz steht als Motiv neben dem Ziel der Effektivitäts- und Qualitätssteigerung.

„Jugendarbeit und Schule haben es mit den gleichen Kindern und Jugendlichen zu tun!" Keine neue Erkenntnis – und über Jahrzehnte auch kein Grund für eine strukturell verankerte Zusammenarbeit im Interesse von Kindern und Jugendlichen. Ursachen liegen in den von der Gesellschaft der Schule und Jugendhilfe unterschiedlich auferlegten Funktionen und in divergierenden Erziehungsbegriffen.

Erst seit Anfang der 90er Jahre gewann die Debatte um Jugendhilfe und Schule eine eigensinnige Dynamik. Einige Ursachen seien benannt:
– Die klassischen Antworten der Jugendhilfe und der Schule auf die Anforderung verlässlicher Betreuung (Hort und Ganztagsschule) erwiesen sich entweder als nicht mehr finanzierbar oder politisch nicht durchsetzbar.
– Eltern und Öffentlichkeit äußerten stärker denn je ihre Erwartungshaltung an eine verlässliche Schule, die es gerade auch Frauen ermöglichen sollte, beruflich tätig zu sein. Der Anteil alleinerziehender Frauen wächst beständig.

- Der Erwartungsdruck gegenüber der Schule erhöhte sich. Eltern, Politik und Öffentlichkeit machten allzu oft die Schule verantwortlich für die Folgen verfehlter Familienpolitik, privater Erziehung oder den Folgen von Arbeitslosigkeit sowie Gewalt und Fremdenfeindlichkeit, die ihren Ausgangspunkt in der Mitte der Gesellschaft hat.
- Schule und Jugendhilfe beschäftigen sich mit Kindern und Jugendlichen, die immer stärker sozialen Belastungen und Gefährdungen ausgesetzt sind.
- Zunehmende Legitimationsnöte der Jugend(-verbands-)arbeit gegenüber Politik und Öffentlichkeit, die eine Öffnung hin zu nicht organisierten Zielgruppen erwartete.

Im Bereich Schule entwarf das Land Nordrhein-Westfalen eine Vielzahl von Programmen, die die Öffnung von Schule, Innovationen oder Verlässlichkeit von Betreuung fördern sollten.

Was im Anfang aussah wie ein Landesprogramm zur Erneuerung von Schule unter Mithilfe der Jugendhilfe, könnte sich mit der Reform des Landesjugendplans NRW auch zu einer Erneuerung der Jugendhilfe erweitern.

Ein Schwerpunkt der Förderung durch den reformierten Landesjugendplan NRW ist das Arbeitsfeld „Kooperation Schule Jugendhilfe". Dahinter verbirgt sich eine Aufgabe, die in der Fachdiskussion schon länger präsent und an vielen Orten schon Praxis der Jugendarbeit ist.

In den neuen Richtlinien heißt es: „Die **Zusammenarbeit von Jugendhilfe und Schule** ermöglicht den Trägern der Kinder- und Jugendarbeit Ansatzmöglichkeiten, **verbindliche Angebote** vor allem für die **Altersgruppe der 10- bis 14-Jährigen** vorzuhalten. Nachmittagsangebote können Kindern dieser Altersgruppe, gemeinsam mit Gleichaltrigen, **Möglichkeiten der Freizeit, des Lernens und der erzieherischen Förderung** eröffnen. Gerade in dem **Zusammenwirken mit den Schulen** können **neue Zielgruppen** angesprochen und erreicht werden."

„Betreuungsprojekte" oder „Projekttage", so könnte man die beiden alternativen Positionen kurz bezeichnen, um die bei der Planung und Durchführung von Kooperationsprojekten gestritten wurde. Die Mitarbeit verschiedener Jugendverbände bei der inhaltlichen Gestaltung von „Projekttagen" an den Schulen ist seit Jahrzehnten üblich. Der Begriff „Betreuung", der in der Diskussion um die neuen Angebote zunächst im Vordergrund stand, stieß bei den Verbandsaktiven eher auf Ablehnung. Das deutlich hervorgehobene Ziel, die Verlässlichkeit solcher Angebote zu gewährleisten, hat die Abwehr ausgelöst. In dieser Auseinandersetzung um das Für und Wider können mindestens zwei Positionen unterschieden werden:

Auf der einen Seite stehen diejenigen, die das Prinzip ehrenamtlich gestalteter Verbandsarbeit für und mit Jugend weiter entwickeln wollen. Sie sehen die Gefahren einer Ressourcenverschiebung zu Lasten der bewährten Bereiche von Jugendverbandsarbeit. Auch die Frage, würde sich Jugendhilfe in der Kooperation mit Schule als eigenständiger Partner behaupten können oder ist sie nur „Steigbügelhalter" für eine auf Effizienz bedachte Schulpolitik, gewann eine gewisse Bedeutung. Dahinter stand auch die Sorge um eine „Entpolitisierung" von Jugendverbandsarbeit.

Neue Zielgruppen zu erreichen, war auf der anderen Seite das Ziel derjenigen, die sich für eine Beteiligung an verlässlichen Angeboten in Zusammenarbeit mit Schule aussprachen. Die im Kinder- und Jugendhilfegesetz verankerten Prinzipien sollten für diese Kooperation Basis sein: Anknüpfen an den Interessen junger Menschen, Berücksichtigung unterschiedlicher Interessenlagen, Förderung der Selbständigkeit, Abbau von Benachteiligungen und kooperative Formen konkreter Lebenshilfe. Die Schwierigkeiten, die der Aufbau eines professionell gestalteten Arbeitsfeldes in einem von Ehrenamtlichen geführten Jugendverband mit sich bringen könnten, wurden gesehen.

Letztendlich bestimmten innerhalb der SJD – Die Falken – diejenigen die Diskussion und den Entscheidungsprozess, die die Chancen in der Entwicklung dieses neuen Arbeitsfeldes in den Vordergrund stellten.

Die Diskussion ist nicht abgeschlossen. Immer wieder müssen ehrenamtlich tätige Mitarbeiter überzeugt werden, sich auch mit dem Arbeitsfeld Schule – Jugend auseinander zu setzen.

Immer wieder muss deutlich gemacht werden, welche Chancen in solchen Projekten für die Bereicherung der Jugendverbandsarbeit liegen. Positiv wird dies jedoch nur bewertet, wenn die Nachmittagsangebote nicht einfach die Schule verlängern, indem die Programminhalte ausschließlich aus Beaufsichtigung und Hausaufgabenhilfe bestehen. Dagegen können die Projekte helfen für den jugendhilfespezifischen Erziehungsbegriff zu werben.

Jugendliche oder junge Erwachsene als Mitglieder von Vorständen von Jugendverbänden übernehmen eine große Verantwortung für die Weiterentwicklung des Arbeitsfeldes „Schule – Jugendhilfe".

Die Sozialistische Jugend Deutschland – Die Falken ließ sich, neben weiteren Verbänden, auf dieses neue Arbeitsfeld ein. Im Jahre 1998 starteten 16 Projekte und im Jahre 1999 arbeiteten landesweit 23 Projekte.

Wirksamkeitsdialog

In den vorläufigen Richtlinien heißt es: „Zur fachlichen Reflexion der Förderung wird ein Wirksamkeitsdialog eingeführt. Er soll vor allem darauf abzielen, gemeinsam mit den Zuwendungsempfängern oder den sie vertretenden pluralen Zusammenschlüssen auf Landesebene, den wirksamen Einsatz der Mittel zu überprüfen und Anregungen für die Veränderung und Weiterentwicklung in der Förderung geben."

Die Ministerialbürokratie und die Politik beabsichtige, die Wirkung der geförderten Arbeit zu überprüfen, das war die erste einfache Erklärung des Begriffes Wirksamkeitsdialog.

Im Landesvorstand NRW der SJD-Die Falken setzte sich rasch die Erkenntnis durch, dass Voraussetzung für einen gelungenen Wirksamkeitsdialog eine vorab durchgeführte Evaluation der Maßnahmen sei. Gespräche über die Wirkung von Maßnahmen sollten auf der Grundlage systematisch erhobener Daten und deren Auswertung stattfinden.

Der Evaluationsauftrag

Am 12. Februar 1999 beschloss der Landesvorstand der SJD-Die Falken Nordrhein-Westfalen eine Evaluation der „Schülerclubs", dieser Name wurde inzwischen weitgehend für die Projekte der „Falken" genutzt, durchzuführen. Zu diesem Zeitpunkt nahmen zwei Referenten des Landesverbandes (Wulf Erdmann, Theo Schneid) am Fortbildungskurs „Evaluation in der Jugendhilfe" im Jugendhof Vlotho teil. Es bot sich an, diese Evaluation als Praxisprojekt in dieser Ausbildung zu nutzen. Daher wurden die beiden Fachkräfte als Evaluatoren benannt.

Damit waren zwei wichtige Entscheidungen getroffen. Der **Gegenstand** der Evaluation, das **Programm Falken Schülerclubs** war bestimmt und die **Evaluatoren** waren benannt und beauftragt.

Da sich die Falken-Schülerclubs zum Zeitpunkt der Beschlussfassung des Landesvorstandes in der Aufbauphase befanden und auch auf einen längeren Zeitraum hin konzipiert waren, wurde der Auftrag an die Evaluatoren präziser als eine formative Programmevaluation[1] definiert.

Ausgangsüberlegungen

Der Einrichtung der Projekte innerhalb der Falken war keine umfassende, zentral gesteuerte Konzept- und Zieldiskussion vorausgegangen. In den einzelnen Unterbezirken fanden Konzept- und Strukturdiskussionen unterschiedlicher Intensität und Qualität statt. Lediglich die Formulierungen der Richtlinien des neuen Landesjugendplans boten für diese Diskussion einige Anhaltspunkte. Im Kern formulierte der Landesjugendplan folgende Aufgaben und Ziele:
- **Nachmittagsangebote** schaffen
- **Zusammenarbeit von Jugendhilfe und Schule** fördern
- **verbindliche Angebote** einrichten
- **Altersgruppe der 10- bis 14-Jährigen** als Zielgruppe
- **Möglichkeiten der Freizeit, des Lernens und der erzieherischen Förderung** eröffnen
- im **Zusammenwirken mit den Schulen neue Zielgruppen** ansprechen.

Auf dieser Grundlage und unter Auswertung von Erfahrungsberichten bereits bestehender Projekte innerhalb der SJD – Die Falken wurde eine interne „Praxishilfe" verfasst und den vor Ort tätigen Fachkräften und Referenten der SJD-Die Falken zur Verfügung gestellt.

Es gab folgende Annahmen über die Arbeit der Schülerclubs, die Ausgangspunkt für die Entwicklung von Evaluationsfragestellungen waren:

Die Kapazität der einzelnen Projekte war auf mindestens 10 und höchstens 20 Kinder pro Gruppe berechnet. Erste Berichte aus den Projekten hatten gezeigt, dass ein relativ hoher Anteil nicht-deutscher Kinder das Angebot annimmt. Die Angebote der Projekte finden an Schultagen, drei-, vier- oder fünfmal pro Woche, meist zwischen 14.00 und 17.00 Uhr statt. In allen Projekten gibt es eine Hausaufgabenhilfe, aber auch Spiel-, Sport- und Bastelangebote.

Es war natürlich auch zu erwarten, dass die Alltagssorgen und Konflikte von Kindern im Alter zwischen 10 und 14 Jahren in der Arbeit eine Rolle spielen würden. Die Mitarbeiter und Mitarbeiterinnen in den Projekten werden zu Ansprechpartnern bei diesen Problemen. Diese Aufgaben erfordern eine entsprechende Verbindlichkeit und Qualifikation der Mitarbeiter und Mitarbeiterinnen. Menschen, die beide Voraussetzungen mitbringen, sind nicht mehr auf rein ehrenamtlicher Basis zu finden. Andererseits reichten die vorhandenen Mittel nicht aus, um ein den üblichen Tarifen entsprechendes Entgelt zu zahlen. Man kann hier von einem „Ehrenamt" mit Aufwandsentschädigung sprechen. Es mussten trotzdem, den gesetzlichen Regelungen entsprechende, Entlohnungsmöglichkeiten ausgewählt werden.

Die Bezeichnung „Falken Schülerclubs" wurde von mehreren Projekten übernommen. Der Name „Club" wurde gewählt, um einerseits den Begriff Betreuung nicht in den Vordergrund zu stellen, andererseits die Arbeit in den Schülerclubs von eher offenen und unverbindlichen Angeboten abzugrenzen. In einem Club wird man „Mitglied" und es besteht eine gewisse Verbindlichkeit zur Teilnahme. Es sollten auch Teilnahmebeiträge erhoben werden.

Die Fragestellungen

Die Fragestellungen, die einer Evaluation zugrunde liegen, spiegeln wider, welche Stufe der „Ereigniskette" (s. S. 73), die in der folgenden Grafik zu sehen ist, man mit den vorhandenen Evaluationsressourcen erreichen kann.

Bei den Falken-Schülerclubs handelt es sich um ein, für einen Jugendverband neues Arbeitsfeld. Daher musste man sich zunächst einen klaren Überblick über strukturelle und personelle Arbeitsbedingungen, sowie über das quantitative Ausmaß der Arbeit verschaffen. Mit anderen Worten: In der ersten Phase der Evaluation stehen Strukturen, „Input" und „Output" im Vordergrund. Das würde die Stufe drei in der Ereigniskette bedeuten. Auf der Grundlage der Evaluationsergebnisse, kann man dann in einem weiteren Schritt Fragestellungen entwickeln, die den Bereich der Reaktionen und Outcomes erreichen. Die Steuerungsgruppe Wirksamkeitsdialog hat inzwischen weitergehende Fragestellun-

Glieder in der Ereigniskette – Evaluationskriterien[2]

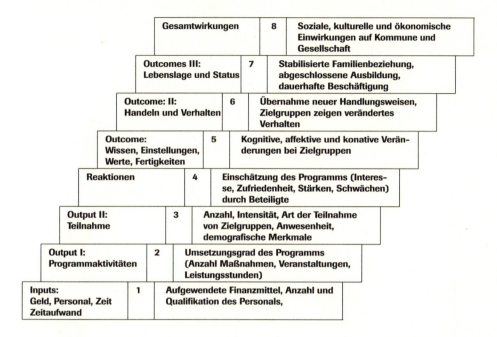

gen für Evaluationen entwickelt, welche die pädagogischen Prozesse und Wirkungen in den Blick nehmen sollen.[3] Dabei wurden auch die vorliegenden Ergebnisse über die Zusammensetzung der Besucher in den Clubs genutzt.

Für die Evaluation wurden folgende Fragestellungen entwickelt:
1. Wie viele und welche Kinder nehmen an den einzelnen Maßnahmen teil und aus welchen Gründen kommen sie in unsere Maßnahmen?
2. Wie sehen die strukturellen und personellen Bedingungen in den Projekten aus?
3. Was bedeutet Betreuung in unseren Projekten?
4. Welche Inhalte hat das Programm?

Graphische Darstellung der Evaluation

Abkürzungen in der Grafik: **UB** = Unterbezirk, **KV** = Kreisverband, **LJA** = Landesjugendamt; **LJR** = Landesjugendring, **MFJFG** = Ministerium für Frauen, Jugend, Familie und Gesundheit.

ERKUNDUNG EINES NEUEN ARBEITSFELDES

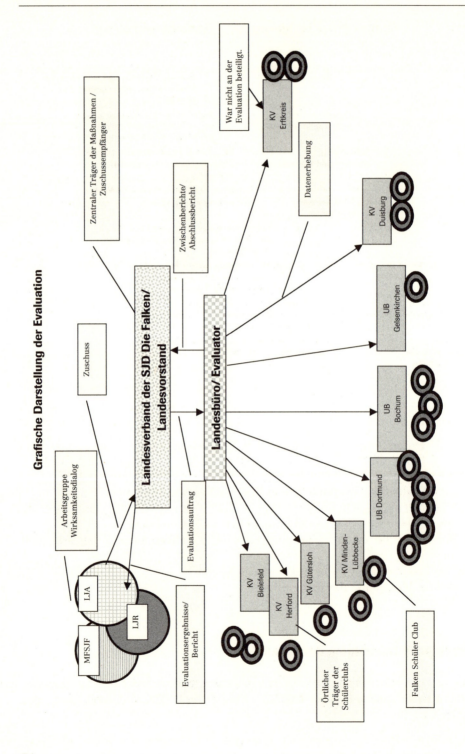

Das Untersuchungsdesign

Als Datenerhebungsinstrumente wurden vier Erhebungsbögen entwickelt, die von den Mitarbeitern und Mitarbeiterinnen in den Projekten ausgefüllt werden sollten.

Von den 18 Projekten, die zum Zeitpunkt der Erhebung existierten, wurden nach dem Zufallsprinzip 12 Projekte in die Evaluation einbezogen. Von den Mitarbeitern wurden für insgesamt 136 Kinder Erhebungsbögen ausgefüllt. Zum Zeitpunkt der Erhebung, bzw. kurz danach waren nicht mehr alle Kinder in den Projekten. Die Daten wurden dann aus den vorhandenen Anmeldeunterlagen für den Stichtag rekonstruiert. Außerdem wurden Daten von 24 Mitarbeitern und Mitarbeiterinnen gesammelt.

Erhebungsbögen, Rücklauf und Datengeber:

Nr.	Erhebungsbogen	Merkmale	Anzahl	Datengeber
1	Stammdatenblatt Schüler	15	136	Mitarbeiter/innen
2	Stammdatenblatt Mitarbeiter	17	24	Mitarbeiter/innen
3	Stammdatenblatt Projekt	12	12	Mitarbeiter/innen
4	Erhebungsbogen Betreuung und Programm	23	12	Mitarbeiter/innen
∑		67	184	

Die Erhebungsbögen sind im Anhang beigefügt.

Die Auswertung erfolgte mit den Programmen Access und Excel. Mit Access wurde eine Eingabemaske erstellt, die es ermöglichte, die Anworten in Form eines Zahlencodes in eine Tabelle einzutragen, die dann mit Hilfe von Excel und den darin enthaltenen einfachen statistischen Verfahren ausgewertet wurden.[3]

Die zentralen Ergebnisse

Um einen Überblick über die zentralen Ergebnisse der Untersuchung geben zu können, wurden die Fragestellungen noch einmal folgendermaßen differenziert:
- Wie groß sind die Gruppen in den einzelnen Maßnahmen?
- Welche Kinder nehmen an unseren Maßnahmen teil?
- Wie und mit welcher Motivation kommen sie in unsere Maßnahmen?
- Wie sieht die formale Betreuung in unseren Projekten aus?
- Welche Inhalte hat das Programm?
- Gibt es Beteiligungsmöglichkeiten für die Schüler?
- Welchen zeitlichen Umfang haben die Programmpunkte?
- Wie sehen die strukturellen Arbeitsbedingungen in den Projekten aus?

– Wie sehen die personellen Bedingungen in den Projekten aus?

Die Merkmale der Erhebungsbögen konnten nun den einzelnen Fragestellungen zugeordnet werden und daraus konnten folgende Ergebnisse abgelesen werden.

Gruppengröße

Es wurden jeweils Angaben zu einem Stichtag gemacht, danach ergeben sich zum:
– 1.12.1998 eine Gruppengröße zwischen **6** und **25**,
  und eine durchschnittliche Größe von **10**.
– 30.4.1999 eine Gruppengröße zwischen **6** und **18**,
  und eine durchschnittliche Größe von **7**.

Damit war die oben genannte vermutete Gruppengröße von 20 Kindern weit unterschritten. Hier haben wir einen deutlichen Hinweis, dass in der nächsten Zeit eine genauere Ursachenforschung zu betreiben ist, um entweder die vermuteten Vorgaben zu korrigieren oder geeignete Interventionen in Gang zu setzen um eine entsprechende Durchschnittsgröße zu erreichen.

Welche Kinder nehmen an unseren Maßnahmen teil?

Um diese Frage zu beantworten haben wir die Merkmale Alter, Geschlecht, Nationalität, Religion und Muttersprache zusammengefasst. Die beiden Merkmale Religion und Muttersprache wurden in den Erhebungsbogen aufgenommen um die Nationalität nicht auf das Kriterium Staatsbürgerschaft zu reduzieren.

Bei der Erfassung der Daten hat sich allerdings folgendes Problem gezeigt: Bei türkischen oder auch Kindern anderer Nationalitäten, die allgemein dem islamischen Kulturkreis zugeordnet werden können, wurde bei Religion die Antwort „Weiß nicht" so gut wie nie angekreuzt, wogegen es bei den anderen Nationalitäten, vor allem den deutschen Kindern, öfter angegeben wurde. Diese offensichtliche „automatische" Zuordnung durch die Mitarbeiter/innen schränkt die Auswertung des Merkmals Religion etwas ein, ohne es völlig wertlos zu machen.

Nationalität, Muttersprache und Religion

39,7 % der Kinder haben keinen deutschen Pass und 48,5 % haben als Muttersprache eine andere Sprache als Deutsch. Damit spricht dieses Angebot einen

für unseren Jugendverband nicht üblichen, überaus hohen Anteil nicht-deutscher Kinder an. Eine ebenfalls im Jahre 1999 durchgeführte Untersuchung der Ferienmaßnahmen hat gezeigt, dass dort nur ein Anteil von 1,2 % nicht-deutscher Kinder erreicht wurde.
Die Verteilung der Nationalitäten sieht folgendermaßen aus:
Den größten Anteil der 54 nicht-deutschen Kinder stellen die türkischen Kinder mit 30, gefolgt von 6 russischen und 7 polnischen Kindern. Darüber hinaus gibt es italienische, albanische, marokkanische, sonstige afrikanische, serbische und belgische Kinder in unseren Clubs. Die folgende Tabelle zeigt die genaue Verteilung von Nationalität, Muttersprache und Religion.

Nationalität (Anzahl)	Sprache (Anzahl)	Religion (Anzahl)
deutsch (82)	deutsch (70)	evang./kath. (36/24)
belgisch (1)	französisch (1)	nicht bekannt (29)
italienisch (4)	italienisch (3)	dem Kind nicht bekannt (2)
albanisch (2)	albanisch (2)	Sonstiges (2)
polnisch (7)	polnisch (8)	ohne (5)
russisch (6)	russisch (9)	–
	kasachisch (1)	–
serbisch (1)	serbo-kroatisch (1)	–
türkisch (30)	türkisch (37)	islamisch (37)
marrokkanisch (2)	marrokkanisch (2)	alevitisch (1)
sonstiges Afrika (1)	arabisch (1)	–
	ohne Angabe (1)	

Alter und Geschlecht

Die genaue Altersverteilung sieht folgendermaßen aus:
– 6 Jahre   3
– 7 Jahre   3
– 8 Jahre   3
– 9 Jahre   2
– 10 Jahre   10
– 11 Jahre   33
– 12 Jahre   36
– 13 Jahre   30
– 14 Jahre   14
– 15 Jahre   1

Das Verhältnis von Jungen und Mädchen kann man als ausgewogen bezeichnen, mit einem leichten Überhang bei den Jungen, die 55,5 % stellen.

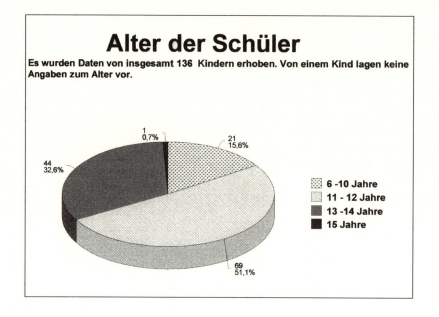

Wie und mit welcher Motivation kommen die Kinder in unsere Maßnahmen?

Unsere Mitarbeiter wurden gebeten, ihr Wissen oder ihre Vermutungen über die Motive für den Besuch der Kinder anzugeben. Dem genannten Motiv konnte auch ein Rang zugewiesen werden. Das hatte folgendes Ergebnis: Die Betreuung der Hausaufgaben war das meist genannte Motiv, mit einer Nennung von 98 % bei 128 Kindern, dabei wurde ihm zu 50 % der Rang 1 und 31% der Rang 2 zugewiesen.

„Man kann seine Freizeit verbringen", ist bei 61,8 % der Kinder ein vermutetes Motiv. In der Rangfolge wurde es zu 67 % auf Platz 2 und 3 eingeordnet.

Die Eltern sind berufstätig, ist in 54,4 % der Fälle der vermutete Grund, mit einem hohen Rang, je 36 % auf Platz 1 und 2. Also nicht ganz so stark wie Hausaufgaben.

„Man kann im Schülerclub essen", liegt mit 34 % im hinteren Bereich und hat bei der Rangfolge eine eher niedrige Bedeutung.

„Das Kind wurde vom Lehrer geschickt". Dies wurde zwar nur in 23 % der Fälle genannt, hatte aber eine sehr hohe Quote bei dem Rang 1, nämlich 56 %. Das bedeutet, wenn dieses Motiv zutrifft, ist es sehr stark. Hier ergibt sich eine interessante Frage für weitere Untersuchungen und zwar: „Wie bewerten die vom Lehrer geschickten Kinder das Angebot Schülerclub"?

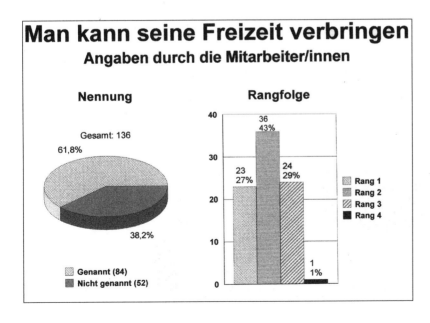

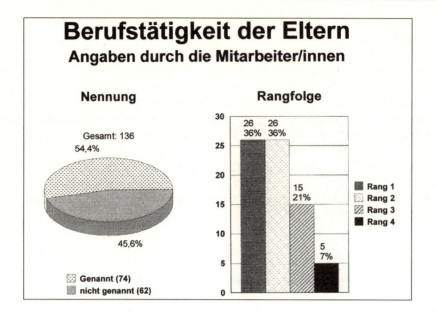

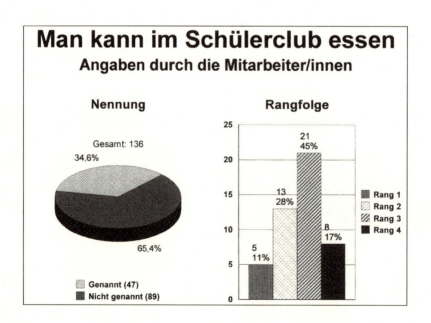

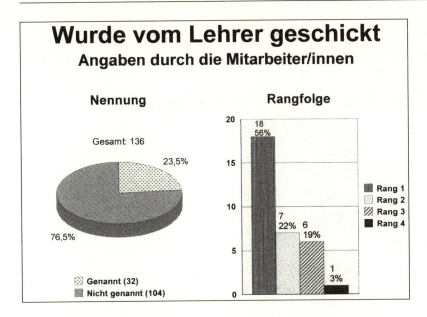

Wie sieht die formale Betreuung in unseren Projekten aus?

Das Element der Betreuung ist in den konzeptionellen Überlegungen der Projekte nicht unumstritten. Es wurde jedoch von den Evaluatoren vermutet, dass es für die Eltern ein wichtiges Element darstellt. Daher haben wir versucht einmal zu klären, welche Bedeutung es in unseren Projekten hat. Wir haben dem Begriff Betreuung folgende Merkmale zugeordnet: Gibt es Mahlzeiten und Getränke? Welchen Rang und welchen zeitlichen Umfang haben die Hausaufgaben? Gibt es qualifizierte Nachhilfe? Wie verbindlich ist der Besuch des Schülerclubs? Wird die Anwesenheit erfasst? Werden Eltern darüber informiert und gibt es Verträge und Teilnahmebeiträge?

Sehen wir uns die Merkmale im Einzelnen an: In 73,9 % der Projekte gibt es regelmäßig kaltes oder warmes Essen. Das Essen wird in 17 % der Fälle geliefert. In 75 % der Schülerclubs wird das Essen selbst zubereitet und dabei zu 58 % unter Mithilfe der Kinder. Die Kosten sind in 9 Fällen im Teilnahmebeitrag enthalten, in 2 Fällen werden sie jeweils kassiert und einmal gab es keine Antwort. Getränke stehen in 10 von 12 Clubs zur Verfügung, die je zur Hälfte frei zugänglich sind und nur in drei Fällen bezahlt werden müssen. Hausaufgaben werden in allen Projekten gemacht. In 7 Projekten wurden zusätzliche Lernmittel angeschafft und in 4 Projekten wird Nachhilfe erteilt.

In 11 Projekten wird die Anwesenheit erfasst und in 7 Projekten werden die Eltern über die Abwesenheit informiert.

Teilnahmebeiträge werden in 9 Projekten erhoben, in 2 Projekten gibt es keine Beiträge und in einem Projekt werden Beiträge für anfallende Kosten eingesammelt. Von 136 erfassten Teilnehmern haben 117 einen Betreuungsvertrag.

ERKUNDUNG EINES NEUEN ARBEITSFELDES

Welche Inhalte hat das Programm?

Das folgende Diagramm lässt erkennen welche Aktivitäten von wie viel Projekten genannt wurden.

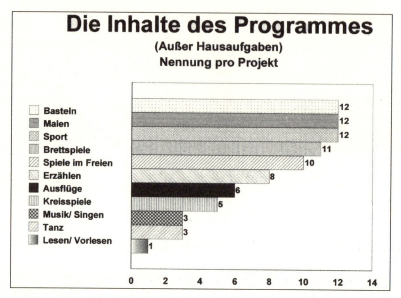

Der Zeitaufwand für die Betreuung der Hausaufgaben wird folgendermaßen eingeschätzt: In drei Projekten bis zu 30 Minuten, in weiteren drei Projekten bis zu 45 Minuten, in sechs Projekten bis zu 60 Minuten und in einem Projekt mehr als 60 Minuten. Wenn man die Angabe „Mehr als 60 Minuten" mit 75 Minuten berechnet, kann man davon ausgehen, dass im Durchschnitt eine knappe Stunde Hausaufgaben gemacht werden. Dem entspricht auch die Wertigkeit, wie sie in der folgenden Tabelle zu erkennen ist. Den einzelnen Programminhalten konnte man einen Rang von 1-4 zuordnen. Wenn eine Aktivität von allen Projekten auf den Rang 1 gesetzt worden wäre, würde sie in der folgenden Tabelle den Wert 100 erreichen. Dabei ist eindeutig zu erkennen, dass die Hausaufgaben den höchsten Wert erreichen.

Aktivität	Rang 1	Rang 2	Rang 3	Rang 4
Hausaufgaben	50		8	
Basteln	8	33		17
Sport	17	17	17	
Brettspiele	8	17	17	
Mahlzeiten einnehmen			17	17
Gemeinsam Kochen	8		8	8
Freizeit, nichts besonderes machen	8	8	8	
Fortsetzung	**Rang 1**	**Rang 2**	**Rang 3**	**Rang 4**
Malen				8
Tanz			8	
Erzählen		8		
Sonstiges	8			
Radio machen		8		
Projekte machen (Angabe Mitarbeiter)			8	

Gibt es Beteiligungsmöglichkeiten für die Schüler?

In 10 von 12 Schülerclubs wird das Programm gemeinsam mit den Schülern erstellt und in 11 von 12 Clubs können die Schülerinnen nachträglich das Programm wieder ändern. Hier zeigen sich deutlich die Erfahrungen des Jugendverbandes. Eine Gruppenarbeit, die diese Beteiligungsmöglichkeiten für die Kinder nicht bietet, ist unattraktiv, ohne zu behaupten, dass dies das alleinige Kriterium für eine gute Gruppenarbeit ist.

Wie sehen die strukturellen Arbeitsbedingungen in den Projekten aus?

Von den 12 Projekten befand sich eins an einer Grundschule, acht befanden sich an einer Hauptschule, zwei an einer Gesamtschule und eines an einem Gymnasium. Bei dem letzten Projekt handelt es sich um ein offenes Schüler-Café ohne verbindliche Teilnahme. In diesem Falle sind auch keine Daten zu einzelnen Besuchern erfasst worden.

Die folgenden Diagramme (siehe S. 82) zeigen die Anzahl und Größe der Räume und in welcher Art sie genutzt werden können.

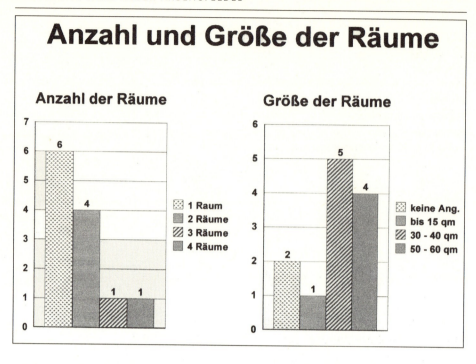

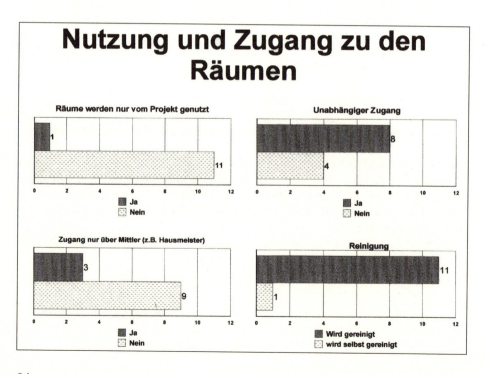

ERKUNDUNG EINES NEUEN ARBEITSFELDES

Wie sehen die personellen Bedingungen in den Projekten aus?

Von 12 Projekten haben 11 zwei und eins drei Mitarbeiter/innen. In vier Projekten sind ausschließlich Frauen beschäftigt, in acht Frauen und Männer. Ein Projekt ohne Frauen gibt es nicht. Es gibt 15 Frauen und 9 Männer. 16 Personen sind im Alter von 19 bis 26, sieben zwischen 27 und 39 und eine Person ist 55 Jahre alt.

Es gibt 17 mit einem Vertrag für geringfügige Beschäftigung und 7 die auf Honorarbasis arbeiten. Die Anzahl der Wochenstunden zeigt die folgende Tabelle:

Personen	Wochenstunden
2	3
4	6
8	3
8	10
7	12

Das folgende Diagramm zeigt den Schulabschluss und die Berufsausbildung.

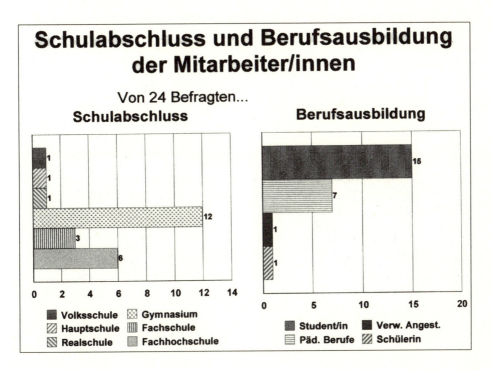

14 von 24 Mitarbeiter/innen sind Mitglied bei den Falken. 6 von ihnen haben an einem Grundkurs des Verbandes teilgenommen und 5 haben einen Erste-Hilfe-Kurs absolviert. Die Falkenmitglieder sind oder waren überwiegend als Gruppenleiter tätig oder haben an einer Ferienmaßnahme mitgewirkt.

Erfahrungen und Konsequenzen

Die diesem Bericht zugrunde liegende Evaluation stellt eine Übung dar, eine erste Anwendung der gerade in der Fortbildung erlernten Theorie. Gleichzeitig war es ein erster Versuch innerhalb der Suche nach Wegen für den Wirksamkeitsdialog, die Sinnhaftigkeit von Evaluationen als Voraussetzung für einen Dialog aufzuzeigen.

Die Evaluation war aber auch „Ernstfall", weil es wichtig und notwendig war, dass sich der Verband als Träger erste Klarheiten über Struktur und Inhalte eines neuen Arbeitsfeldes verschaffte. Die Ergebnisse sind auf einer Fachtagung im Februar 2000 in Düsseldorf einer interessierten Fachöffentlichkeit vorgestellt worden und dienen zurzeit als Grundlage für eine intensive Konzept- und Zieldiskussion innerhalb der SJD – Die Falken –.

Die Arbeitsgruppe Wirksamkeitsdialog hat inzwischen festgelegt, dass weitere Evaluationen in dem Bereich der Angebote am Nachmittag durchgeführt werden sollen, welche die pädagogischen Prozesse unter dem Gesichtspunkt von Partizipation und Integration in den Blick nehmen sollen. Insofern kann man feststellen, dass ein Qualitätsentwicklungsprozess in Gang gesetzt wurde, der hoffentlich vor allem den Nutzern, den Kindern in den Projekten und ihren Eltern dient.

Anmerkungen

1 Zu diesem Begriff siehe W. Beywl in diesem Band, S. 17 f.
2 W. Beywl: Arbeitsstelle für Evaluation. Universität zu Köln 1997
3 siehe: Monka, M./Voß, W.: Statistik am PC – Lösungen mit Excel. München; Wien 1999

Anhang: Erhebungsbögen (komprimierte Darstellung):

Erhebungsbogen 1 - Stammdaten Schüler

1. **Personennummer:** _____   2. **Projektname:** _____

3. **Projektträger:** _____

4. **Geschlecht:**   ☐ weiblich   ☐ männlich

5. **Alter:** _____   6. **Nationalität:** _____

7. **Schulart:**
   ☐ Grundschule   ☐ Hauptschule   ☐ Realschule
   ☐ Gesamtschule   ☐ Gymnasium   ☐ Sonderschule

8. **Religion:**
   ☐ evang.   ☐ kath.   ☐ islamisch   ☐ konfessionslos   ☐ nicht bekannt
   ☐ Schüler weiß es nicht   ☐ sonstige

9. **Muttersprache:** _____

10. **Klassenstufe:** _____

11. **Mitglied in einem Jugendverband:**   ☐ Falken   ☐ Sonstige: (Name)

12. **Im Schülerclub angemeldet am:** _____

13. **Im Schülerclub abgemeldet am:** _____

14. **Was wissen oder vermuten die Mitarbeiter über die Motivation der teilnehmenden Kinder?**
    Die folgenden Möglichkeiten können in dem ersten Kästchen angekreuzt werden und in dem Zweiten mit einer Rangordnung versehen werden. Mehrfachnennungen sind möglich.
    ☐   ☐ Berufstätigkeit der Eltern
    ☐   ☐ Hausaufgabenbetreuung
    ☐   ☐ Freizeitangebot nutzen
    ☐   ☐ Regelmäßiges Essenangebot
    ☐   ☐ Wurde vom Lehrer geschickt
    ☐   ☐ Sonstiges:

15. **Gibt es einen Betreuungsvertrag zwischen Eltern und dem Träger?**
    ☐ Ja   ☐ Nein   ☐ Weiß nicht

Erhebungsbogen 2 - Stammdaten Personal

1. **Personennummer:** _____   2. **Projektname:** _____

3. **Projektträger:** _____

4. **Geschlecht:**   ☐ weiblich   ☐ männlich

5. **Alter:** _____   6. **Nationalität:** _____

7. **Religion:**   ☐ evang.   ☐ kath.   ☐ islamisch   ☐ sonstige   ☐ konfessionslos

8. **Mitglied bei den Falken:**   ☐ Ja   ☐ Nein

9. **Wenn ja, in welcher Funktion?**
   ☐ Gruppenleiter/in   ☐ Ferienfahrtenmitarbeiter/in
   ☐ Funktionär/in   ☐ Hauptamtlich in der Jugendarbeit

10. **Letzter Schulabschluss:**
    ☐ Hauptschule   ☐ Realschule
    ☐ Gymnasium   ☐ Gesamtschule
    ☐ Fachschule/Fachoberschule   ☐ Fachhochschule   ☐ Universität

11. **Beruf, bzw. Ausbildungsstatus zurzeit:** _____

12. **Am Grundkurs Rechte und Pflichten der Gruppenleiter teilgenommen:**
    ☐ Ja   ☐ Nein

13. **Am Erste-Hilfe-Kurs teilgenommen.** (Nicht "Sofortmaßnahme am Unfallort")
    ☐ Ja   ☐ Nein

14. **Anstellungsart:**
    ☐ Honorarkraft   ☐ Geringfügig Beschäftigte
    ☐ Teilzeit Beschäftigte   ☐ Sonstiges

15. **Seit wann?** _____   16. **Anzahl der Wochenstunden:** _____

17. **Stundenvergütung:** _____ DM

ERKUNDUNG EINES NEUEN ARBEITSFELDES

Erhebungsbogen 3 – Stammdaten Projekt

1. **Projektnummer:** _____ 2. **Projektname:** _____

3. **Projektträger:** _____

4. **Kooperationspartner**

5. **Schulart:**
   - ☐ Grundschule   ☐ Hauptschule   ☐ Realschule
   - ☐ Gesamtschule   ☐ Gymnasium   ☐ Sonderschule

6. **Anzahl der Räume:** _____
   Größe der Räume in qm (bitte grob ausmessen.): _____

7. **Ausstattung der Räume (Mehrfachnennungen sind möglich)**
   - ☐ Kochmöglichkeit ist vorhanden
   - ☐ Getränkeausgabe vorhanden
   - ☐ Die Räume werden nur vom Projekt genutzt
   - ☐ Es gibt einen unabhängigen Zugang zum Gebäude und den Räumen
   - ☐ Der Zugang zu den Räumen ist nur über einen Mittler, z.B. Hausmeister möglich

8. **Reinigung:**
   - ☐ Die Räume werden gereinigt
   - ☐ Der Raum muß selbst gereinigt werden
   - ☐ Der Raum wird nicht gereinigt

9. **Anzahl der weiblichen Mitarbeiter:** _____

10. **Anzahl der männlichen Mitarbeiter:** _____

11. **Öffnungszeiten:**

    | Montag | von: _____ | bis: _____ | Uhr |
    | Dienstag | von: _____ | bis: _____ | Uhr |
    | Mittwoch | von: _____ | bis: _____ | Uhr |
    | Donnerstag | von: _____ | bis: _____ | Uhr |
    | Freitag | von: _____ | bis: _____ | Uhr |
    | Samstag | von: _____ | bis: _____ | Uhr |
    | Sonntag | von: _____ | bis: _____ | Uhr |

12. **Der Schülerclub ist in den Schulferien geöffnet:**
    - ☐ Ja   ☐ Nein

Erhebungsbogen 4 - Programm

1. Verpflegung:
  ☐ Es wird in dem Projekt regelmäßig warmes Essen ausgegeben
  ☐ Es wird in dem Projekt regelmäßig kaltes Essen ausgegeben
  ☐ Es wird in dem Projekt regelmäßig kaltes und/oder warmes Essen ausgegeben
  ☐ In dem Projekt wird zeitweise, ab und zu warmes Essen ausgegeben
  ☐ In dem Projekt wird zeitweise, ab und zu kaltes Essen ausgegeben
  ☐ In dem Projekt wird zeitweise, ab und zu kaltes und/oder warmes Essen ausgegeben
  ☐ In dem Projekt wird selbst mitgebrachtes Essen gemeinsam gegessen

2. Woher kommt das Essen?
  ☐ Das Essen wird geliefert
  ☐ Das Essen wird in den Räumen zubereitet.
  ☐ Das Essen wird in den Räumen unter Mithilfe der Kinder zubereitet

3. Getränke:
  ☐ Es werden Getränke ausgegeben
  ☐ Es werden keine Getränke ausgegeben
  ☐ Die Getränke sind frei zugänglich (Die Getränke sind nicht frei zugänglich)
  ☐ Die Getränke sind kostenlos
  ☐ Die Getränke müssen bezahlt werden

4. Kosten für die Mahlzeiten:
  ☐ Sind im Teilnemerbeitrag enthalten   ☐ Werden pro Mahlzeit einbehalten

5. Welches Programmangebot gibt es? (Mehrfachnennungen sind möglich.)
  ☐ Basteln   ☐ Malen   ☐ Brettspiele   ☐ Musik und Singen
  ☐ Tanz   ☐ Kreisspiele   ☐ Sport   ☐ Spiele im Freien
  ☐ Ausflüge   ☐ Lesen Vorlesen ☐ Erzählen   ☐ Sonstiges

6. Welche Aktivitäten nehmen den größten Raum ein? Bitte die vier wichtigsten nennen. Rang 1 bis 4:
  1 _____   3 _____
  2 _____   4 _____

7. Werden Hausaufgaben gemacht?
  ☐ Ja   ☐ Nein

8. In welchem zeitlichen Umfang?
  ☐ Bis 30 Min.   ☐ Bis 45 Min.   ☐ Bis 60 Min.   ☐ Mehr

9. Helfen die Mitarbeiter bei den Hausaufgaben?
  ☐ Ja   ☐ Nein

10. Wenn ja.
☐ Regelmäßig   ☐ ab und zu

11. Gibt es fächerspezifische qualifizierte Nachhilfe?
☐ Ja   ☐ Nein

12. Wenn ja, wer erteilt die Nachhilfe?
☐ Mitarbeiter   ☐ Lehrer/innen   ☐ Zusätzliche Kräfte

13. Welche Fächer? _____

14. Wer zahlt die Kräfte ?
☐ Aus Mitteln des Projektes   ☐ Die Eltern   ☐ Die Schule
☐ Zusätzliche kommunale Zuschüsse   ☐ Sonstige Mittel

15. Wurden für den Bereich Hausaufgabenbetreuung Lernmittel beschafft?
☐ Ja   ☐ Nein

16. Wird das Wochenprogramm gemeinsam mit den Schülern aufgestellt?
☐ Ja   ☐ Nein

17. Können die Schüler durch Beschluss das Programm ändern?
☐ Ja   ☐ Nein

18. Anzahl der Kinder am 1.12.98: _____

19. Wird die Anwesenheit erfasst?
☐ Ja   ☐ Nein

20. Werden die Eltern informiert wenn die Kinder fehlen?
☐ Ja   ☐ Nein

21. Wieviel Kinder waren am 30.4.99 angemeldet: _____

22. Wird ein fester Teilnahmebeitrag einbehalten?
☐ Ja   ☐ Nein

23. Wie hoch ist der Teilnehmerbeitrag?
☐ Pro Monat   ☐ Pro Woche   ☐ Pro Tag
☐ Sonstige Regelungen: _____

24. Bemerkungen

Das Projekt „Erstmal Kommunalwahl – ab 16"
Landesjugendring NRW e.V.

Susanne Jendral

1. Projektbeschreibung

Vom nordrhein-westfälischen Landtag wurde im Mai 1998 das Gesetz zur Senkung des aktiven Wahlalters von 18 auf 16 Jahre bei Kommunalwahlen beschlossen. NRW folgte damit den Bundesländern Schleswig-Holstein und Niedersachsen, die ein analoges Gesetz bereits 1994 verabschiedet hatten.

Mehr als 300.000 Jugendliche zwischen 16 und 17 Jahren konnten somit im September 1999 zum ersten Mal an den Kommunalwahlen in NRW teilnehmen. Wählen ist ein Stück Selbstbestimmung. Und ein Stück Mitbestimmung über die Zukunft. Wer wählen will, sollte informiert sein und seine eigenen Interessen einbringen.

Mit diesem Grundgedanken startete der Landesjugendring NRW e.V. das Projekt „Erstmal Kommunalwahl – ab 16". Das Projekt sollte Jugendliche über ihr Wahlrecht informieren und ihnen ermöglichen, ihre Forderungen an Kommunalpolitik öffentlich zu formulieren. Junge Menschen in Jugendgruppen, Jugendheimen und Schulen waren aufgefordert sich zu beteiligen. Fast 350 Jugendgruppen folgten dieser Aufforderung und nahmen am Projekt teil.

Wünsche, Ideen und Forderungen, möglichst im unmittelbaren Umfeld von Familie, Stadtteil, Schule oder Beruf, sollten gemeinsam in der Gruppe besprochen und diskutiert werden. Die Ergebnisse konnten anschließend auf einer Plakatwand, in einer Radiosendung oder auf einer eigenen Homepage präsentiert werden. Zur Umsetzung ihrer Ideen erhielten alle Gruppen einen Produktionskostenzuschuss zwischen 300 und 350 DM. Circa 4 Wochen (ab dem 16.8.1999) vor der Kommunalwahl (12.9.1999) wurden dann die Ergebnisse aller Gruppen zeitgleich präsentiert.

Parallel zur Präsentation der Gruppenergebnisse führten 40 Jugendgruppen in ganz NRW Diskussionsveranstaltungen mit KommunalpolitikerInnen und interessierten Jugendlichen durch. 11 Jugendringe organisierten Abschlussveranstaltungen des Projektes, die die Möglichkeit boten „Erstmal Kommunalwahl – ab 16" zu feiern, neue Leute aus den anderen Gruppen kennen zu lernen und die eigenen politischen Vorstellungen mit KommunalpolitikerInnen zu diskutieren.

Begleitet wurden die Gruppen bei ihrer Arbeit durch das Projektbüro des Landesjugendringes, das für alle Gruppen Werbe- und Informationsmaterial zur jeweiligen technischen Umsetzung des gewählten Mediums und zu den Themen

„Kommunalwahl" und „Kommunalpolitik" zur Verfügung stellte. Eine Homepage des Projektbüros bot weitere Informationen rund um die Kommunalwahl und das Projekt. Außerdem konnten die Gruppen, durch eine Datenbank und ein Diskussionsforum auf der Homepage, untereinander in Kontakt treten.

2. Die Evaluation des Projektes

Das Projekt wurde, mittels einer Ausschreibung, an allen Schulen der Sekundarstufe I und II, allen Jugendheimen, Jugendverbänden und Jugendringen, den Schulverwaltungs- und Jugendämtern in NRW bekannt gemacht. Die Ausschreibung bot mit einer Postkarte die Möglichkeit sich formlos anzumelden. Mit dieser Anmeldung wurden – neben den Postanschriften der Gruppen – folgende Daten erhoben: Heimatort der Gruppe, Medium, das sie bearbeiten wollten (z.B. Radio) und ihre Organisationsform (z.B. Schulklasse, Jugendverbandsgruppe etc.). Schon durch die Anmeldungen konnten wir daher Aussagen dazu treffen, welche Gruppen ein bestimmtes Medium vorzogen und ob wir es geschafft hatten, landesweit Gruppen zu organisieren.

Nach Abschluss des Projektes wurde ein Fragebogen versandt, der zu den Jugendlichen der Gruppen (Alter, Anzahl), den Umsetzungen ihrer Projektideen (Zeitaufwand, Bewertungen der Projektmaterialien) und ihrem Interesse an Kommunalpolitik Antworten finden wollte.

Mit Hilfe der dabei erhobenen Daten können wir jetzt, nach Ende des Projektes, berichten und bewerten, wie die Gruppen vom Projekt gehört haben (Öffentlichkeitsarbeit), sich zusammensetzten (Zielgruppe), die Materialien des Projektes bewerteten (Praxistauglichkeit) und die Wirkung des Projekts für ihr weiteres politisches Engagement einschätzen (Zielüberprüfung).

Zusätzliche Informationen liefern uns weitere Daten, wie z.B. die Anzahl der – auf Anfrage – verschickten Informationsbroschüren oder die Nutzung der Homepage während des Projektes (Informationsziel).

Im Folgenden die Ergebnisse der Fragebogenaktion des Projektes „Erstmal Kommunalwahl – ab 16" und die mit der Anmeldung, Verschickung und der Homepage erhobenen Daten.

3. Die Anmeldedaten

86 Städte und Gemeinden

Am Projekt „Erstmal Kommunalwahl – ab 16" haben sich 348 Jugendgruppen aus 86 Städten und Gemeinden NRW's beteiligt. Aus den städtischen Ballungsgebieten, so z.B. aus Dortmund, Düsseldorf, Duisburg, Marl, Bochum und Essen aber auch aus Aachen, Bielefeld oder Mönchengladbach, meldete sich ein Großteil (mehr als 1/3) der Gruppen an. Hier lässt sich deutlich erkennen, dass einerseits fast alle Jugendverbände in den Großstädten aktiv sind und unsere Idee weitergaben. Andererseits warben auch die Stadt- und Kreisjugendringe, die sich mit einer Abschlussveranstaltung am Projekt beteiligten, für unser Projekt. Dort wo ein Kontakt vor Ort bestand, sei es durch einen aktiven Jugendring, interessierte Lehrer oder eine Radiowerkstatt, haben auch mehrere Gruppen beim Projekt mitgewirkt. Dies zeigt sich besonders im ländlichen Bereich, so z. B. um Rheine, aber auch in und um Bielefeld, wo – trotz Ausschreibung – erst die Aktivitäten der Jugendringe auf das Projekt aufmerksam machten. Insgesamt ist es uns fast flächendeckend gelungen, Jugendgruppen und Schulklassen für unser Projekt zu interessieren; lediglich die Kreise Höxter, Olpe, Kleve und der Oberbergische Kreis konnten von uns nicht erreicht werden.

Drei Medien und mehr

Zu Beginn unseres Projektes hatten wir – mit der Ausschreibung – den Gruppen, um ihre Forderungen öffentlich zu machen, die drei Medien Internet, Radio und Plakatwand angeboten. Für die Umsetzung der eigenen Ideen mit diesen Medien erhielten die Gruppen Unterstützung durch Beratung, Infomaterial, Kontaktvermittlung und einen Produktionskostenzuschuss. Hintergrund unserer Überlegungen war dabei die Öffentlichkeitswirkung des jeweiligen Mediums, die einfache technische Möglichkeit der Umsetzung für die Gruppen und ein möglichst einfaches Verfahren den Gruppen ihren Produktionskostenzuschuss zu bewilligen (einfacher Antrag, pauschaler Zuschuss). Im Laufe des Projektes gab es viele Anfragen, ob nicht auch weitere Ideen (Theater, Video …) gefördert werden könnten. Wir haben uns dann entschieden auch die Medien „Transparent", „Fernsehen" und besonders interessante kleinere Projekte (Infobroschüren, Info-CD's), die einen hohen Informationscharakter hatten, zu fördern. Dies erhöhte zwar den Arbeitsaufwand bei der Bewilligung des Zuschusses für die einzelnen Gruppen, war aber durch die relativ kleine Anzahl an „sonstigen Aktivitäten" (26) für das Projektbüro (1,5 Personalstellen) noch leistbar.

Von den insgesamt 348 Gruppen gestalteten 89 Gruppen eine Internetseite bzw. Homepage und 96 Gruppen eine Plakatwand. 51 Gruppen haben eine Radiosendung im Bürgerfunk und 9 Gruppen einen Fernsehspot zur Wahl im offenen Fernsehkanal ausgestrahlt. 28 Gruppen entschieden sich für die Gestaltung eines Transparents. Weitere 26 Gruppen fielen unter die Kategorie „Sonstiges". Hier finden sich die Gruppen wieder, die z.B. eine CD mit einem Spiel kreierten oder eine Infobroschüre herausgaben. Neben den 11 großen Abschlussveranstaltungen gab es weitere 38 Gruppen, die eine Diskussionsveranstaltung organisierten. Bei diesen „kleineren" Veranstaltungen schwankte die Besucherzahl zwischen 20 und 250 Personen.

348 Gruppen

Dabei setzten die Gruppen, je nach Herkunft, unterschiedliche Prioritäten in der Wahl ihres Mediums, wie folgende Tabelle zeigt:

	Jugend-verband	Jugend-heim	Jugend-ring	Schule	Sonstige Initiative	Radio-werkstatt	Schüler-vertr.	Schüler-zeitung	Jugend-parlament
Internet	40	16	1	5	18	1	0	7	1
Radio	8	6	1	7	8	16	5	0	0
Plakatwan	58	15	0	16	4	0	1	0	2
Transpa	28	0	0	0	0	0	0	0	0
Fernseh-spot	6	1	0	1	1	0	0	0	0
Veranstal-tung	5	11	22	0	0	0	0	0	0
Sonstiges	20	2	0	3	1	0	0	0	0
Abschluss-veran.	0	0	11	0	0	0	0	0	0
Gesamt	165	51	35	32	32	17	6	7	3
Gesamt	47%	15%	10%	9%	9%	5%	2%	2%	1%

Dass sich Schülerzeitungen eher für das Medium Internet oder Radiowerkstätten eher für das Medium Radio entschieden, scheint nicht besonders verwunderlich. Auch dass die Jugendringe sich am Projekt fast ausschließlich durch Veranstaltungen beteiligten, ist angesichts der Tatsache, dass sie plurale Zusammenschlüsse sind und weniger Jugendliche direkt organisieren verständlich. Doch auch zwischen den beteiligten Schulen, Jugendverbänden, sonstigen kleineren Initiativen und Jugendheimen lassen sich Unterschiede erkennen (s. Grafik 2-6).

Schulen

Bei den Schulen ist der niedrige Anteil von Gruppen, die sich für die Gestaltung einer Homepage entschieden haben, sicherlich nicht nur dadurch zu begründen, dass noch nicht alle Schulen am Netz sind, sondern auch dadurch, dass sich nicht immer interessierte oder versierte Lehrer und Lehrerinnen fanden. Erwartungsgemäß allerdings hier die Größenordung bei den Gruppen, die sich für die Gestaltung einer Plakatwand entschieden haben. Die Gruppen aus dem schulischen Bereich, die sich für ein anderes als eines der drei angebotenen Medien entschieden haben, sind ausschließlich schulische Lerngruppen oder AG's und keine Klassenverbände (s. Grafik 2).

Sonstige Initiativen

Dass sich Schüler oftmals für das Medium Internet interessiert haben, zeigen die Zusammenschlüsse von Schülern, die wir unter „Sonstige Initiativen" gefasst haben. Hier finden sich einzeln angemeldete Schülergruppen oder Arbeitsgruppen wieder, aber auch Initiativen wie Fanclubs oder kleine Vereine (6 Gruppen), die wir keiner der anderen Kategorien zuordnen konnten (s. Grafik 5).

Jugendverbände
Auch bei den Jugendverbandsgruppen hat uns die Wahl der Medien z.T. überrascht. Während bei den Verbandsgruppen der Anteil der Gruppen, die sich für die Gestaltung einer Plakatwand entschieden haben, durchaus unseren Erwartungen entsprach, war der Anteil der Radiogruppen doch sehr gering. Positiv überrascht waren wir hier allerdings durch die vielen guten Ideen, mit denen die eigenen Forderungen öffentlich gemacht wurden. Die Ideen reichten, neben den erwähnten Transparenten und Fernsehspots im offenen Kanal, über Straßenaktionen oder Infobroschüren bis hin zu CD's, Aufklebern und Plakaten, die alle eine Menge Kreativität und Eigeninitative verdeutlichten (s. Grafik 3).

Jugendheime
Die Jugendheime boten sich als Veranstaltungsort für Diskussionsveranstaltungen natürlich an. Da ein Großteil der Veranstaltungen allerdings in Kooperation mit naheliegenden Schulen geplant und auch organisatorisch umgesetzt wurde, ist es schade, dass bei keiner Gruppe die Schule als Veranstaltungsort gewählt wurde. Oftmals wurde hier beschrieben, dass der notwendige Verwaltungsaufwand zur Umsetzung zu aufwendig und zu wenig flexibel war. Deutlich höher ist bei den Jugendheimen auch der Anteil der Gruppen, die sich bei der Darstellung ihrer Forderungen für eine Homepage entschieden; bei den Jugendheimen das führende Medium (s. Grafik 4).

4. Der Fragebogen

Unseren Fragebogen verschickten wir Anfang November 1999 an alle Gruppen, die bis zu diesem Zeitpunkt ihre Nachweise (Abgabetermin 12.12.1999) schon eingereicht hatten. Somit verschickten wir den Fragebogen an 237 Gruppen. 80 Gruppen (33,75 %) antworteten. Der Fragebogen (s. Anhang) konnte z.T. vom Gruppenleiter ausgefüllt werden (wieviel TN, in welchem Alter, wieviele Stunden mit dem Projekt beschäftigt, Einsatz der Materialien) und mußte im zweiten Teil (Bewertung der Materialien, Hat die Projektteilnahme die Entscheidung wählen zu gehen beeinflußt, Interesse an Kommunalpolitik bzw. an welchen Themen) mit der gesamten Gruppe ausgefüllt werden. Hier einige Ergebnisse der Fragebogenauswertung:

Gruppengröße

Auf die Frage: „Wieviele Teilnehmer/innen hatte eure Gruppe?" antworteten die Gruppen wie folgt:
- bis 5 TN   15 Gruppen
- bis 10 TN   29 Gruppen
- bis 15 TN   17 Gruppen
- bis 20 TN   12 Gruppen
- bis 31 TN   7 Gruppen
- insgesamt   80 Gruppen

Im Durchschnitt lag die Gruppengröße bei 12 Teilnehmer/innen, insgesamt arbeiteten 940 Teilnehmer/innen in den 80 Gruppen mit. Wenn wir dies hoch rechnen auf unsere gesamten, am Projekt beteiligten Gruppen, so haben wir mit den Gruppenangeboten die geschätzte Zahl von 4.200 Jugendlichen erreicht.

Alter der Teilnehmerinnen

Von den 940 Teilnehmer/innen, die den Fragebogen beantworteten, waren
- 164 unter 16 Jahre alt (17 %),
- 457 Jugendliche waren 16 und 17 Jahre alt (49 %) und
- 304 Teilnehmer/innen waren 18 bis 21 Jahre alt (32 %);
- 15 Teilnehmer/innen machten hierzu keine Angaben (2 %).

Damit waren bei den Gruppenangeboten 98 % der Teilnehmer/innen in dem Alter unserer – in der Konzeption benannten – Zielgruppe (s. Grafik 7).

Zeitaufwand

Im Durchschnitt haben sich die 80 befragten Gruppen 18,2 Stunden mit dem Thema Kommunalwahl und der Herstellung ihres Produktes beschäftigt (s. Grafik 8). Die in das Projekt investierte Zeit schwankte, je nach Anmeldezeitpunkt und Intensität der einzelnen Phasen zwischen drei und fünfzig Stunden. Bei den meisten Gruppen lag der Zeitaufwand bei 11 bis 15 Stunden, sie haben sich im Durchschnitt achtmal getroffen.

Kenntnis über die Möglichkeit der Teilnahme am Projekt

Selbstverständlich fragten wir die Gruppen auch, wie sie auf das Projekt aufmerksam geworden sind. 49 der Gruppen haben über den Flyer, der in hoher Stückzahl von uns versandt wurde, vom Projekt gehört.

Immerhin 19 Gruppen haben über die Presse oder das Internet vom Projekt erfahren. 18 Gruppen wurden durch Freunde oder Bekannte auf das Projekt aufmerksam gemacht und 22 Gruppen haben über unsere Kooperationspartner vor Ort, wie Jugendverbände, -ringe oder -ämter vom Projekt gehört. Doppelnennungen waren hier möglich (s. Grafik 9).

Bewertungen der Materialien und des Projektbüros

Während des Projektes erhielten alle beteiligten Gruppen Infomaterial zum Umgang mit ihrem gewählten Medium, zu den Themen Kommunalwahl und -politik und konnten auch Hilfestellung durch das Projektbüro, z.B. bei der Suche nach einem Radiostudio, erhalten. Im Fragebogen fragten wir die Gruppen, wie sie die Homepage, die Informationsmaterialien und die Betreuung durch das Projektbüro beurteilen (Schulnoten 1-6) und wie häufig sie Homepage und Informationsmaterialien eingesetzt haben.

Homepage
65 % (52 Gruppen) der befragten Gruppen besuchten und nutzten die Homepage, davon 52% (27 Gruppen) öfter bis sehr oft. Der Bewertungsdurchschnitt der Homepage lag bei 2,6 (84 %, insgesamt 44 Gruppen der 52 Gruppen, die die Homepage nutzten bzw. nutzen konnten, beurteilten die Homepage mit der Schulnote 2 oder 3).

Infomaterial
91 % (73 Gruppen) der befragten Gruppen haben die Informationsmaterialien genutzt, davon 71 % (52 Gruppen) öfter bis sehr oft (5 % bzw. 4 Gruppen ohne Antwort). Der Bewertungsdurchschnitt der Materialien lag bei 2,4.

Betreuung durch Projektbüro
Auf die Frage „Wie zufrieden sie als Gruppe mit der Betreuung durch das Projektbüro waren, antworten 77 Gruppen (3 ohne Antwort), davon 12 Gruppen mit der Schulnote 1, 33 Gruppen mit der Schulnote 2, jeweils 15 Gruppen mit der Schulnote 3 und 4 und 2 Gruppen mit der Schulnote 5. Insgesamt beurteilten 60 % die Betreuung mit der Schulnote 2-3. Der Bewertungsdurchschnitt lag bei 2,5.

Presse

Landesweit berichtete das Projektbüro über das Projekt „Erstmal Kommunalwahl – ab 16", in einigen Städten auch die Jugendringe als Kooperationspartner. Für die Gruppen gab es durch das Projektbüro Musterpresseerklärungen, zugeschnitten auf die Gruppen und ihr jeweiliges Medium. Daher fragten wir, ob über die Gruppen in der lokalen Presse berichtet wurde. 47 der Gruppen (59 %) antworteten mit „Ja", 33 Gruppen (41 %) mit „Nein". Weil vor den Kommunalwahlen das bekannte Sommerloch lag und dies die erste Kommunalwahl auch für 16- und 17-jährige Bürger war, hatten wir hier mit größerer Resonanz gerechnet. Auf telefonische Nachfrage bei einigen Gruppen, über die nicht in der Presse berichtet worden war (12 Telefonate), gaben bis auf eine Gruppe jedoch alle nicht das mangelnde Desinteresse der Presse als Grund an, sondern das eigene nicht vorhandene Engagement („Hätten den Text ja noch leicht umändern müssen", „schreibt ja doch keiner drüber", „wussten gar nicht wie es geht" ...).

Wahlentscheidung/Interesse an Kommunalpolitik

Gespannt warteten wir natürlich auf die Ergebnisse der Fragen „Hat die Projektteilnahme eure Entscheidung wählen zu gehen beeinflusst?", „Ist durch das Projekt euer Interesse an kommunalpolitischen Themen/an der Kommunalpolitik geweckt worden?" und „Wenn ja, welche Themen interessieren euch besonders?".

Wahlverhalten
181 (19 %) der Teilnehmer/innen waren (noch) nicht wahlberechtigt wegen ihres Alters (164) oder ihrer Staatsangehörigkeit (17),
17 Teilnehmer/innen(2 %) gaben an, dass sie durch das Projekt zu einer bewussten Wahlenthaltung angeregt worden seien (Keine Partei vertrat in ausreichendem Maße die eigenen Interessen) und weitere 38 Personen (4 %) gaben an, dass sie sowieso nicht wählen gegangen wären.
Insgesamt 179 Jugendliche (19 %) schrieben, dass sie erst durch das Projekt zur Wahlteilnahme angeregt worden seien.
Die überdurchschnittlich hohe Zahl (s.a. Auswertung Homepage und Wahldaten der Kommunalwahl 1999) von 463 Jugendlichen (50 %) gab an, dass sie sowieso wählen gegangen wäre.
Dies läßt auf den ersten Blick vermuten, dass es uns nur gelungen ist, schon politikinteressierte Jugendlichen anzusprechen.

Interesse an Kommunalpolitik
Doch bei der zweiten Frage „Ob das Interesse an Kommunalpolitik geweckt worden wäre", antworteten nur 79 der Jugendlichen (8 %), dass Kommunalpolitik sie nicht interessiere und 1 % (14 Personen), dass sie schon immer an Kommunalpolitik interessiert gewesen wären.
431 Jugendliche (46 %) gaben jedoch an, dass sie jetzt interessierter verfolgen würden, was in ihrer Kommune geschehe und weitere 350 Teilnehmerinnen (37 %), dass einzelne Themen sie jetzt stärker interessieren würden.
Damit ist bei insgesamt 781 (83 %) der befragten 940 Teilnehmer/innen das Interesse an Kommunalpolitik oder kommunalpolitischen Themen deutlich gesteigert worden.

Themen der Gruppen

Auf die Frage: welche Themen interessieren euch besonders, antworteten 71 Gruppen (9 Gruppen ohne Antwort):

Jugendpolitik	25
Freizeit- und Kulturmöglichkeiten, -angebote	21
Verkehr, öffentlicher	17
Arbeitslosigkeit	9
Jugendfragen, allgemein	9
Schule	8
Finanz- u. Wirtschaftspolitik	7
Flüchtlings- u. Ausländerpolitik	7
Umwelt	5
Sport	5
Stadtentwicklung, jugendgemäß	5
Mitbestimmung von Jugendlichen (Stadt)	5
Bildung, Ausbildung	3
Stadtteilpolitik	3
Drogenpolitik	3
Zukunft, Agenda 21	3
Sicherheit und Ordnung	1
Landtagswahl	1
Doppelnennungen waren möglich	137 Antworten

Interesse an ähnlichen Projekten

Wir fragten die Gruppen, ob sie bei ähnlichen Projekten des Landesjugendringes wieder mitmachen würden. 66 der 80 Gruppen antworteten mit „Ja" und 14 Gruppen mit „Eventuell, je nach Thema". Keine Gruppe schloss eine Teilnahme an ähnlichen Projekten für sich aus.

5. Sonstige Daten

11 Abschlussveranstaltungen

Im Rahmen des Projektes fanden, neben den 38 Veranstaltungen durch Gruppen, 11 größer geplante Veranstaltungen durch Stadtjugendringe in den Städten Aachen, Bielefeld, Bochum, Bonn, Duisburg, Düsseldorf, Dortmund, Gelsenkirchen, Krefeld, Rheine und Siegen statt. Die Veranstaltungen wurden größtenteils so konzipiert, dass sie eine Präsentation der Gruppen aus der Umgebung, Diskussionsforen und kulturelle Angebote (Livebands, Kabarett etc.) verbinden sollten. Durch diese Veranstaltungen konnten ca. 12.500 weitere Jugendliche erreicht werden. Dabei schwankte die Größe der einzelnen Veranstaltungen zwischen 150 Personen (Duisburg und Krefeld) über 250-500 Besucher (Aachen, Bielefeld, Bonn, Gelsenkirchen und Rheine) bis hin zu 2.000 bis 4.000 Besuchern in Bochum, Düsseldorf, Dortmund und Siegen (s.a. Auswertung).

Eine Homepage

Für Gruppen und Jugendliche mit Internetzugang waren alle Informationen auch auf unserer Homepage einsehbar. Dort hatten die Gruppen Einblick in unsere Datenbank und konnten so Kontakt miteinander aufnehmen. Informationen zu den Abschluss- und Diskussionsveranstaltungen waren hier ebenso abrufbar wie weitere Informations- oder Kontaktadressen „rund um die Wahl". Die Nutzung der Homepage (mit 220.437 Zugriffen von März bis Dezember), über die einzelnen Phasen des Projektes, konnten wir über eine Statistik verfolgen. Dabei lässt sich deutlich erkennen, dass der August (77.258 Zugriffe) und der September (50.308), neben dem Mai (22.588 Zugriffe) die Monate der höchsten Nutzung waren. Während der Sommerferien (Juni/Juli) ist ein deutlicher Rückgang der Nutzung zu erkennen. Die Entscheidung, auch kurzfristig über die Stichwahlen zu informieren, wird durch die Besucherzahlen, auch nach der Kommunalwahl, als richtig bestätigt.

Auf unserer Homepage fragten wir auch: Gehst Du am 12. September 1999 wählen? Von den 2.668 Beteiligten unserer Umfrage antworteten
– 48,3 % mit „Ja",
– 41,7 % mit „Nein" und weitere
– 9,8 % mit „Weiß ich noch nicht".

Vergleichen wir dies mit dem tatsächlichen Wahlverhalten (46,2 % der 16- bis 21-jährigen Wähler nahmen an der Wahl teil), so lagen wir mit unserer Prognose nur um 2 % daneben. Damit hat die Wählergruppe der 16- bis 21-Jährigen bei den Wählern unter 35 Jahren, wie alle Erstwählergruppen der letzten Kommunalwahlen (Daten des Landesamtes für Datenverarbeitung und Statistik NRW), die höchste Wahlbeteiligung.

40.000 Infobroschüren

Während des Projektes entwickelte sich unsere sog. Hosentaschenbroschüre zu einem eigenen Markenzeichen des Projektes. Zuerst nur mit einer Auflage von 5.000 Stück gedruckt und als Handreichung für alle Teilnehmer/innen der Gruppenaktivitäten gedacht, haben wir im Laufe des Projektes weitere 35.000 Exemplare – auf Anfrage – verschickt. Dabei ging ein Großteil der Infohefte an Schulen und Jugendämter. Auch Jugendverbände, zahlreiche Einzelpersonen, die durch das Internet auf uns aufmerksam wurden und sogar Wahlämter nutzten die knappe und jugendgerechte Broschüre um Erstwähler zu informieren.

6. Auswertung

Ziele und Zielgruppe

Unsere Konzeption formulierte die Information über, die Auseinandersetzung mit und die öffentliche Formulierung von eigenen kommunalpolitischen Forderungen junger Menschen, insbesondere im Alter zwischen 14 und 18 Jahren, als Ziel des Projektes. Weitere Teilziele, die benannt wurden, waren:
1. Informationsbeschaffung und Informationsaustausch über kommunalpolitische Prozesse
2. Aktive Einmischung in Kommunalpolitik durch den Kontakt mit Parteien, Kandidaten und Gremien
3. Formulierung jugendspezifischer Forderungen an die Kommunalpolitik in NRW
4. Kritische Auseinandersetzung mit demokratiegefährdenden Tendenzen
5. Thematisierung der Kommunalwahl und der Herabsetzung des Wahlalters im schulischen Unterricht und in der außerschulischen Bildung
6. Mediale Berichterstattung über kommunale, jugendspezifische Themen
7. Nutzung kreativer Techniken und neuer Medien zum Ausdruck jugendspezifischer Forderungen
8. Kommunikation in der Gruppe der Gleichaltrigen über kommunalpolitische Themen

So formulierten wir für unsere Auswertung und den Fragebogen folgende Fragestellungen:
– Inwieweit konnte die Zielgruppe der 14- bis 21-Jährigen erreicht werden?
– Inwieweit wurde über die allgemeine Ausschreibung und die Kooperationspartner eine landesweite Beteiligung erreicht?
– Inwieweit hat das Projekt zu einem bewussteren Umgang mit dem eigenen Wahlrecht und der Auseinandersetzung mit jugendrelevanten Themen geführt?
– Wurde die angestrebte Zahl von 10.000 bis 15.000 Jugendlichen erreicht?

Das Projekt war so ausgestattet, dass es finanziell und organisatorisch 1.000 Gruppen mit ca. 10-15 Jugendlichen (10.000 bis 15.000 Jugendliche) und 10 Abschlussveranstaltungen mit insgesamt 10.000 Besuchern hätte finanzieren können. Insgesamt haben sich am Projekt 348 Gruppen mit ca. 4.200 Jugendlichen beteiligt, es fanden 11 Abschlussveranstaltungen mit ca. 12.500 Besuchern und 40 kleinere Veranstaltungen mit insgesamt 5.000 Besuchern statt. Die angestrebte Anzahl – der über einen längeren Zeitraum – aktiven Jugendlichen ist also nicht erreicht worden. 98 % der am Projekt und in Gruppen beteiligten Jugendlichen waren im Alter zwischen 14 und 21 Jahren.

Eine landesweite Beteiligung ist nicht in Gänze gelungen (s. Städte). Hier sollten bei ähnliche Projekten, insbesondere in den genannten nicht beteiligten Kreisen, Kooperationspartner möglichst frühzeitig (Planung) eingebunden werden.

Obwohl über 500 Gruppen im August 1999 angemeldet waren, haben leider nicht alle ihre Gruppenaktivitäten bis hin zu einem Produkt abgeschlossen. Dennoch ist es uns mit dem Projekt „Erstmal Kommunalwahl – ab 16!" gelungen, über 21.000 Jugendliche landesweit anzusprechen. Hinzu kommt unsere Informationsbroschüre, die 40.000mal versendet wurde und erst dadurch, dass sich wesentlich weniger Gruppen angemeldet hatten, in so hoher Auflage finanziert werden konnte. Somit sehen wir unsere Ziele der Information über und der Auseinandersetzung mit kommunalpolitischen Themen bei den mehr als 50.000 Jugendlichen als erreicht an, obwohl es uns nicht gelungen ist alle 500 Gruppen auch zu motivieren, ihre Forderungen öffentlich zu machen.

Bei den aktiven Jugendlichen der Projektgruppen ist jedoch ein Prozess in Gang gesetzt worden, der auch über einen längeren Zeitraum hinweg das Interesse an Kommunalpolitik und kommunalpolitischen Themen gestärkt hat.

Insbesondere im schulischen Bereich haben wir nicht die Gruppenanzahl erreicht, die wir uns eigentlich gewünscht hatten. Sicherlich lag dies z.T. am Zeitraum des Projektes, denn neben zwei großen Ferienzeiten (Oster- und Sommerferien) lag auch noch ein Klassenwechsel in diesem Zeitraum. So erzählten einige Lehrer, dass sie nicht wüssten, ob sie im nächsten Schuljahr noch diese Klasse betreuen. Andere Lehrer, die bei uns anriefen berichteten, dass die Ausschreibung sie in ihrer Schule gar nicht erreicht hätte (obwohl alle Schulen und Schulverwaltungsämter angeschrieben wurden). Ein Problem, das bei den größeren Jugendverbänden auch aufgetaucht ist; je mehr Ebenen (Land, Bezirk, Stadt ...) zwischen geschaltet waren, desto schwieriger war es, die Ausschreibung auch wirklich zu den Gruppen gelangen zu lassen.

Ein weiteres Problem, das im schulischen Bereich beschrieben wurde, war, dass eine langfristige Auseinandersetzung mit dem Thema durch vorgegebenen – abzuarbeitenden – Schulstoff oftmals zeitlich nicht möglich war. Hier wurde unsere Broschüre eingesetzt, die dann zwei bis drei Stunden im Schulunterricht gemeinsam besprochen wurde.

Durch die vorher nicht eingeplanten Förderungen der kleineren Projekte, Fernsehspots und Transparente (insgesamt 18 % der Gruppen), aber auch der Diskussionsveranstaltungen durch die Gruppen (11 % der Gruppen), haben sich die Gruppen natürlich auf mehr als die eigentlich angedachten 3 Medien verteilt. Dennoch waren wir positiv erstaunt, dass sich nicht mehr Gruppen – wie von uns vorher eingeschätzt – für die Gestaltung einer Plakatwand entschieden haben (s.a. Grafik 1) und auch den höheren technischen Aufwand bei den anderen Medien nicht scheuten.

Insbesondere beim Medium „Internet" zeigt sich, dass Jugendliche dieses Medium als zu ihrer Welt dazugehörig akzeptiert haben. Hier muss das Internet den Lehrern und Jugendarbeitern als didaktisches Hilfsmittel näher gebracht werden.

Auch konnten wir unsere Vermutungen, die wir in unserer Konzeption formulierten, dass Jugendliche sich eher für Themen ihres direkten Lebensumfeldes interessieren, bestätigen. Themen, wie Renten oder Sicherheit und Ordnung, die die letzten Wahlkämpfe prägten, spielen bei den politischen Interessen der Jugendliche keine Rolle. Konkrete Dinge hingegen, durch die sie oder Freunde in ihrem Lebensalltag betroffen sind, wie Arbeitslosigkeit, Ausländerpolitik, Schule, (Aus-)Bildung, Freizeit oder öffentliche Verkehrsmittel, rangieren bei ihnen an oberster Stelle (s. Auswertung Fragebogen).

Bei den Abschlussveranstaltungen ist deutlich geworden, dass dort das Interesse von Jugendlichen getroffen wurde, wo eine direkte Auseinandersetzung mit Kommunalpolitikern und jugendspezifischen Themen ebenso möglich war, wie die Nutzung eines kulturellen Angebotes. Reine Podiumsdiskussion („Ihr dort oben – wir hier unten") wie in Duisburg oder Krefeld wurden von den Jugendlichen ebenso mit Nichtachtung gestraft wie einfallslose Infotische oder Standardantworten von Politikern.

Insgesamt hat sich das Projekt während des 9-monatigen Projektzeitraumes dynamisch entwickelt. Nicht nur das erweiterte Angebot der Medien, über die die Gruppen ihre Forderungen öffentlich machen konnten, oder die kurzfristige Information über die Stichwahlen der Bürgermeister hat gezeigt, dass hier flexibel reagiert werden sollte. Erst die Entscheidung, dass wir nicht die angestrebte Zahl von 10.000 Jugendlichen über das ausschließliche Angebot der Gruppenarbeit erreichen können, hat dazu geführt, dass mehr als 50.000 Jugendliche über ihr Wahlrecht informiert wurden.

Zum Projekt „Erstmal Kommunalwahl – ab 16" ist Anfanng 2001 eine Dokumentation erschienen, die auch Praxisbeispiele, insbesondere zu den Aktivitäten der Gruppen und Jugendringe, liefert. Die Dokumentation kann beim Landesjugendring NRW e.V. bestellt werden.

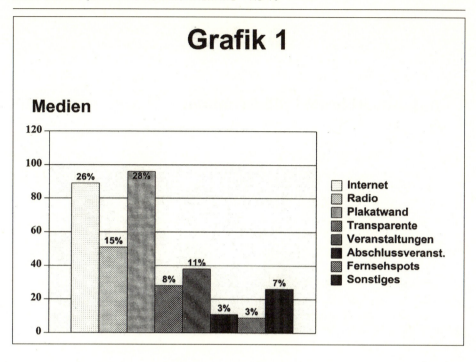

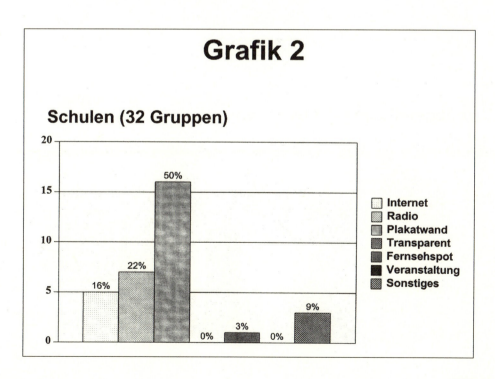

DAS PROJEKT „ERSTMAL KOMMUNALWAHL – AB 16"

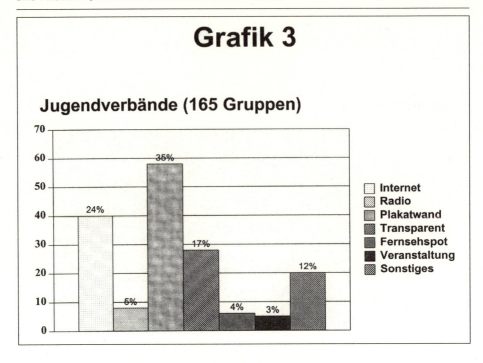

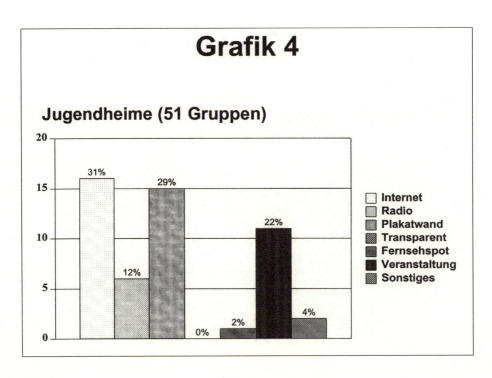

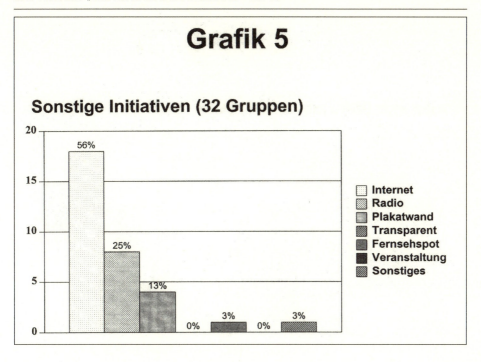

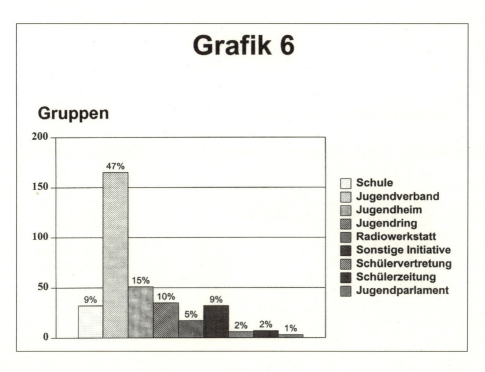

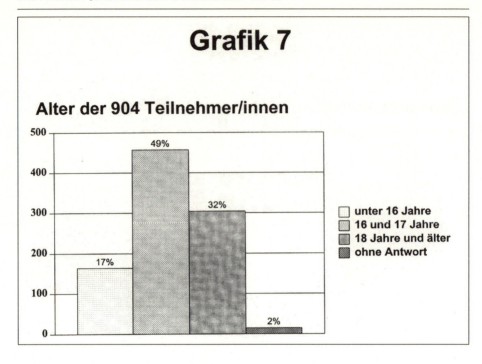

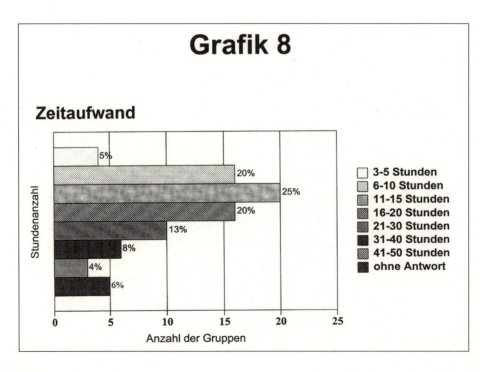

DAS PROJEKT „ERSTMAL KOMMUNALWAHL – AB 16"

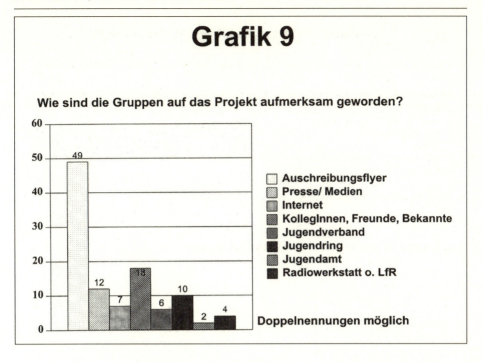

DAS PROJEKT „ERSTMAL KOMMUNALWAHL – AB 16"

Fragebogen des Projekts „Erstmal Kommunalwahl"

(Die Fragen auf dieser Seite können vom Gruppenleiter/von der Gruppenleiterin ausgefüllt werden.)

1. Wie ist eure Gruppe auf das Projekt „Erstmal Kommunalwahl – ab 16" aufmerksam geworden?
☐ Projektausschreibung; Flyer
☐ Presse, Medien
☐ Internet
☐ Kolleginnen, Freunde, Bekannte
☐ Sonstiges _____

2. Wieviele Teilnehmer/innen hatte eure Projektgruppe?

Anzahl der TN _____

3. In welchem Alter waren die Projektteilnehmer/innen?

Unter 16 - Anzahl: _____
16 und 17 - Anzahl: _____
18 und älter - Anzahl: _____

4. Wieviele Stunden habt ihr euch insgesamt mit dem Projekt beschäftigt?
Stundenzahl: _____

5. Habt ihr die Projekthomepage im Internet besucht und genutzt?
☐ Ja   ☐ Nein
Wenn ja: ☐ selten   ☐ öfter   ☐ sehr oft

6. Habt ihr die Informationsmaterialien (Flyer, Pocketheft, Aufkleber etc.) genutzt?
☐ Ja   ☐ Nein
Wenn ja: ☐ selten   ☐ öfter   ☐ sehr oft

7. Ist über eurer Projekt in der Lokalen Presse berichtet worden?
☐ Ja   ☐ Nein

8. Habt ihr Interesse an ähnlichen Projekten des Landesjugendringes wieder mitzumachen?
☐ Ja   ☐ Nein   ☐ eventuell

(Die Fragen auf der Rückseite bitte gemeinsam in der Gruppe beantworten!)

9. Wie bewertet ihr die Homepage?
Schulnoten 1-6: _____

10. Wie bewertet ihr die Informationsmaterialien?
Schulnoten 1-6: _____

11. Wie wart ihr mit der Betreuung durch das Projektbüro zufrieden?
Schulnoten 1-6: _____

12. Hat die Projektteilnahme eure Entscheidung wählen zu gehen beeinflusst?
Nein, ich wäre sowieso wählen gegangen.   Anzahl _____
Nein, ich wäre sowieso nicht wählen gegangen.   Anzahl _____

DAS PROJEKT „ERSTMAL KOMMUNALWAHL – AB 16"

    Ja, ich bin durch das Projekt zur Wahlteilnahme angeregt worden.   Anzahl _____
    Ja, durch das Projekt wurde ich zu Wahlenthaltung angeregt.   Anzahl _____
    Ich war noch nicht wahlberechtigt.   Anzahl _____

13. Ist durch das Projekt euer Interesse an kommunalpolitischen Themen/an der Kommunalpolitik geweckt worden?
    Ja, wir verfolgen jetzt interessierter, was in unserer Kommune geschieht.   Anzahl _____
    Nein, uns interessiert Kommunalpolitik nicht.   Anzahl _____
    Weiß nicht, kommt auf das Thema an.   Anzahl _____

Wenn ja, welche Themen interessieren euch besonders?

_____

_____

14. Bei der Konzeption und Durchführung des Projektes haben wir Folgendes vermißt:

_____

_____

Wir garantieren eine anonyme Auswertung des Fragebogens
und bedanken uns für eure Teilnahme.

KOMPETENZERWERB

Kompetenzerwerb beim dritten Kursteil des Ausbildungsprogrammes für Kinder- und Jugendgruppenleiter/innen[1]

Elke Fischer

1. Skizze zum Untersuchungsgegenstand

Beim Gesamtprogramm handelt es sich um einen dreiteiligen Grundkurs für Gruppenleiter/innen von Kinder- und (in seltenen Fällen) Jugendgruppen. Teilnehmer/innen sind in der Regel Jugendliche zwischen 16 und 18 Jahren.

In einem siebentägigen, einem dreitägigen und einem sechstägigen Kursblock werden die Teilnehmer/innen für ihre Aufgaben als Kinder- und Jugendgruppenleiter/in qualifiziert. Insbesondere soll
- der/die Gruppenleiter/in über pädagogische Kenntnisse, wie z. B. über typische Phasen der Gruppendynamik oder über den Umgang mit Konflikten, verfügen (Vermittlung von pädagogischen Kenntnissen und „Handwerkszeug" für die Gruppenarbeit)
- er/sie in der Lage sein, sich mit seiner eigenen Person auseinanderzusetzen; sich und sein Verhalten kritisch zu hinterfragen (Persönlichkeitsbildung)
- er/sie in der Lage sein, Prozesse zu reflektieren und daraus Konsequenzen im Sinne einer Verbesserung zu ziehen (Vermittlung von Reflexionsfähigkeit und Kennenlernen einer Reflexionskultur).

So ergeben sich auch für das Programm drei Zielrichtungen:
- Persönlichkeitsbildung
- Vermittlung von pädagogischen Kenntnissen und „Handwerkszeug" für die Gruppenarbeit mit Kindern und Jugendlichen
- Vermittlung von Reflexionsfähigkeit und Kennenlernen einer Reflexionskultur
Veranstaltet wird das Kurspaket vom Katholischen Jugendbüro Breisach-Endingen.

Alle drei Kursblöcke werden vom selben Team geleitet, das aus in der kirchlichen Jugendverbandsarbeit erfahrenen ehrenamtlichen Mitarbeiter/innen und der Bildungsreferentin des Katholischen Jugendbüros besteht.

Beim dritten Kursblock, welcher speziell Gegenstand dieser Evaluation ist, steht die Zusammenarbeit in den örtlichen Teams der Gruppenleiter/innen und die Planung und Durchführung von Jugendarbeitsprojekten (z. B. Planung und Durchführung von Ferienfreizeiten) im Vordergrund.

Hierbei geht es vor allem um den Erwerb folgender Kompetenzen:
- x bringt sich aktiv in Entscheidungsprozesse innerhalb des Leitungsteams des Projektes ein;

- sie kann innerhalb dieser Entscheidungsprozesse ihre eigene Position darstellen und vertreten
- x ist in der Lage, innerhalb des Leitungsteams einen Konsens oder zumindest einen Kompromiss zu erarbeiten (Eigeninteressen mit Fremdinteressen abstimmen)
- x ist in der Lage, sich im Rahmen der Vorbereitungsarbeiten einen eingrenzbaren Aufgabenbereich auszuwählen, der ihren Fähigkeiten und (persönlichen wie zeitlichen) Möglichkeiten entspricht und mit dem sie sich weder über- noch unterfordert, und diesen selbstverantwortlich zu übernehmen
- x ist dazu bereit und auch in der Lage, sich bei der Bewältigung dieses Aufgabenbereiches selbständig notwendige Informationen und Materialien zu beschaffen bzw. zu erarbeiten
- x ist dazu in der Lage, innerhalb eines Projektes die relevanten Aufgabenbereiche, die abgedeckt werden müssen, zu erkennen und zu benennen
- x ist dazu in der Lage, sich während der Erledigung ihrer eigenen Aufgaben immer wieder mit den anderen Mitarbeiter/innen im Leitungsteam abzustimmen (wichtige Informationen weitergeben, notwendige Absprachen treffen etc.)

Gearbeitet wird bei diesem Kursblock nach der pfadfinderischen Projektmethode, die aus folgenden Schritten besteht: Animation, Ideenfindung, Entscheidung, Erkundung, Aktionsvorbereitung, Durchführung der Aktion, Fest, Reflexion und Dokumentation.

Die Gruppe der Kursteilnehmer/innen durchläuft all diese Projektschritte selbst; sie wählt selbst ein Projekt, plant dieses und führt es gemäß den Projektschritten durch.

Während die Schritte Animation, Ideenfindung und Entscheidung vom Team methodisch vorbereitet und geleitet werden, arbeiten die Teilnehmer/innen ab dem Schritt Erkundung selbständig und selbstorganisiert.

Damit die im Projekt gemachten Erfahrungen im Hinblick auf die konkrete Jugendarbeit vor Ort in den Gemeinden nutzbar gemacht werden können, werden jeden Tag in festen Reflexionsgruppen das je eigene Verhalten und Vorgehen im Projekt als auch die Zusammenarbeit in den Arbeits- und in der Großgruppe reflektiert. Nach Abschluss des Projektes werden die dort gemachten Erfahrungen auf die Jugendarbeit vor Ort und speziell auf die Vorbereitung der Ferienfreizeiten transferiert.

2. Auftrag, Zielsetzung und Fragestellungen der Evaluation

Auftraggeberin der Evaluation ist die Evaluatorin selbst als Programmverantwortliche.

Da es für mich als Programmverantwortliche von vornherein feststand, dieses Programm im nächsten Jahr wieder durchzuführen, erschien es mir sinnvoll,

Übersicht 1

	November '98	Dezember '98	Februar '99	März '99	April '99	Mai '99	Juni '99
Beteiligte	Elke Fischer: Programmverantwortliche/ Evaluatorin	Klaus Ritter: Personalreferent im Erzbischöflichen Jugendamt; zuständig für die Arbeit von Elke Fischer	Esther Meyer, Jürgen Röttele, Katharina Eberenz: Ehrenamtliche Mitarbeiter/innen im Leitungsteam des dritten Kursteiles	Teilnehmer/innen des dritten Kursteiles: Zielgruppe des zu evaluierenden Programms/ Datengeber/innen	Esther Meyer, Jürgen Röttele, Katharina Eberenz, Elke Fischer:	Teilnehmer/innen des dritten Kursteiles:	Teilnehmer/innen des dritten Kursteiles Hauptamtliche Mitarbeiter/innen in den Freizeitleistungsteams vor Ort: (ebenfalls Datengeber/innen, da sie die Kursteilnehmer/innen mit ihren Fähigkeiten nach Ablauf des Programmes erleben)
Arbeitsschritt im Ablauf der Evaluation	Elke Fischer entscheidet sich dafür, das Programm „3. Kursteil im Grundkurs für Gruppenleiterinnen und Gruppenleiter" zu evaluieren	Elke Fischer und Klaus Ritter legen gemeinsam Fragestellung der Evaluation fest und schließen den Kontrakt zur Evaluation	Die 3 ehrenamtlichen Mitarbeiter/innen werden von Elke Fischer über das Evaluationsvorhaben informiert	Teilnehmer/innen werden von Elke Fischer über das Evaluationsvorhaben informiert	Definieren das Fernziel des Kurses und die zu vermittelnden Kompetenzen	Einsatz von Messinstrument I: Teilnehmer/innen werden am Anfang (24.5.) und am Ende (29.5.) des 3. Kursteiles schriftlich befragt	Einsatz von Messinstrument II: Beide Datengebergruppen werden über Telefoninterviews zu den Wirkungen des 3. Kursteiles vor Ort befragt

die Evaluation als formative durchzuführen, mit dem Ziel, zu klären, was im nächsten Jahr verbessert werden müsste.

Die zentrale Evaluationsfragestellung lautet:

In welchem Maße werden die Kompetenzen, welche das Programm vermitteln möchte, von den Teilnehmer/innen erworben und inwieweit werden diese Kompetenzen bei der Vorbereitung eines typischen Projektes innerhalb der kirchlichen Jugendarbeit von den Teilnehmer/innen genutzt?

Übersicht 2

Teilfragestellungen mit Erfolgsspannen

Aus der zentralen Evaluationsfragestellung ergeben sich folgende Teilfragestellungen für jede der unter 1 aufgeführten 7 Kompetenzen (mit zugehörigen Erfolgsspannen).
Die Erfolgsspannen wurden gemeinschaftlich vom Leitungsteam festgelegt.

1. Wurde von den Teilnehmer/innen die Einstellung erworben, dass diese Kompetenz wichtig, beziehungsweise sehr wichtig ist?
   Erfolgsspanne 1: Mindestens 70% der Teilnehmer/innen betrachten die jeweilige Kompetenz am Ende des Kursteiles als wichtig..
2. Ist diese Kompetenz gemäß der Selbsteinschätzung der Teilnehmer/innen am Ende des Kursteiles vorhanden?
   Erfolgsspanne 2: Bei mindestens 70% der Teilnehmer/innen ist – gemäß deren Selbsteinschätzung – diese Kompetenz am Ende des Kursteiles vorhanden.
3. Hat der Kursteil zur Weiterentwicklung dieser Kompetenz beigetragen?
   Erfolgsspanne 3: Mindestens 60% der Teilnehmer/innen sehen eine Weiterentwicklung dieser Kompetenz durch den Kursteil.
4. Wurde diese Kompetenz gemäß der Selbsteinschätzung der Teilnehmer/innen in der Praxis, und zwar in der konkreten Praxissituation der Ferienfreizeitvorbereitung vor Ort, umgesetzt?
   Erfolgsspanne 4: Von mindestens 70% der Teilnehmer/innen, die bei der Vorbereitung einer Sommerfreizeit mitgearbeitet haben, wurde gemäß deren Selbsteinschätzung diese Kompetenz in der konkreten Praxissituation umgesetzt.
5. Inwieweit hat der Kursteil rückblickend gemäß der Einschätzung der Teilnehmer/innen zu einer positiven Verhaltensänderung bezüglich dieser Kompetenz in der konkreten Praxissituation beigetragen?
   Erfolgsspanne 5: Mindestens 60% der Teilnehmer/innen, die bei der Vorbereitung einer Sommerfreizeit mitgearbeitet haben, sehen eine positive Verhaltensänderung bezüglich dieser Kompetenz durch den Kursteil.
6. Wurde diese Kompetenz gemäß der Fremdeinschätzung durch hauptamtliche Mitarbeiter/innen in den Freizeitleitungsteams in der konkreten Praxissituation umgesetzt?
   Erfolgsspanne 6: Von mindestens 60% der Teilnehmer/innen, die bei der Vorbereitung einer Sommerfreizeit mitgearbeitet haben, wurde diese Kompetenz – gemäß der Fremdeinschätzung durch hauptamtliche Mitarbeiter/innen in den Freizeitleitungsteams – in der konkreten Praxissituation umgesetzt.
7. Inwieweit hat der Kursteil gemäß der Einschätzung der hauptamtlichen Mitarbeiter/innen zu einer positiven Verhaltensänderung bezüglich dieser Kompetenz in der konkreten Praxissituation beigetragen?
   Erfolgsspanne 7: Bei mindestens 60% jener Teilnehmer/innen, zu denen die hauptamtlichen Mitarbeiter/innen befragt wurden, zeigte sich eine positive Verhaltensänderung in der konkreten Praxissituation.

3. Untersuchungsdesign

Entsprechend der zentralen Fragestellungen, die an jede der sieben Kompetenzen gestellt werden, ergeben sich die Messzeitpunkte, die Art und Weise der Messinstrumente sowie der Einsatz derselben.

> **I Schriftliche Längsschnittbefragung**
>
> **Messzeitpunkte:**
> **Messzeitpunkt 1:** Anfang des Programmes (24.05.1999)
> **Messzeitpunkt 2:** Ende des Programmes (29.05.1999)
>
> **Messinstrument:** Fragebogen (von den Teilnehmer/innen mit Nummern codiert, sodass erkennbar, welche zwei Fragebögen von ein und derselben Person ausgefüllt wurden)
>
> **Art des Einsatzes:** Den ersten Fragebogen zu Anfang des Programmes füllen die Teilnehmer/innen nach einer Erklärung und Anweisungen zum Ausfüllen im Plenum aus; den zweiten Fragebogen am Ende des Programmes füllen die Teilnehmer/innen in Kleingruppen aus, anschließend gibt es ein Kleingruppengespräch über die Lernerfahrungen, die im Fragebogen abgefragt wurden.
>
> **Grundgesamtheit:** N=14 (Alle füllen 2 mal aus)
>
> **Entwicklung und Auswertung des Fragebogens:** Programm GrafStat der Bundeszentrale für politische Bildung (als CD-ROM enthalten in QS 29 des Bundesjugendministeriums)

Begründung:
Mich interessiert die Selbsteinschätzung der Teilnehmer/innen unmittelbar am Ende des Programmes und zwar in Bezug
– darauf, für wie wichtig sie jede dieser sieben Kompetenzen halten
– darauf, ob sie von sich glauben, über die jeweilige Kompetenz zu verfügen
– auf die Weiterentwicklung der jeweiligen Kompetenz (ob und wodurch) im Laufe des Programmes.

Also liegt der Messzeitpunkt am letzten Kurstag. Da sich aus dem Frageinteresse sehr viele Teilfragen ergeben (4 Fragen mal sieben Kompetenzen = 28 Fragen), hielt ich das Instrument Fragebogen für angemessen. Davon versprach ich mir auch, dass sich die Befragten mit ihren Antworten möglichst wenig an mich, die Evaluatorin und Programmverantwortliche, anpassen würden.

Um Veränderungen der Einstellungen der Teilnehmer/innen durch den Kursteil messen zu können, setzte ich zu Angang des Kurses (= erster Kurstag) ebenfalls einen Fragebogen ein. In diesem stellte ich die gleichen Fragen zu Wichtigkeit und zum Vorhandensein der Kompetenzen (2 Fragen mal 7 Kompetenzen = 14 Fragen), die ich auch in meinem Fragebogen am Ende des Kurses stellte. So ergeben sich Messpunkt 1 und 2 in meinem Untersuchungsdesign.

Ziel der Gruppendiskussion nach dem Ausfüllen des zweiten Fragebogens war es die im Laufe des Programmes gemachten Lernerfahrungen in der Kleingruppe transparent zu machen, so dass den Teilnehmer/innen eine Lernerfahrung, die ihnen bei sich selbst zunächst gar nicht aufgefallen war, dadurch deutlich wurde, dass sie eine/andere/r Gruppenteilnehmer/in als seine Lernerfahrung nannte.

II Telefoninterviews in der Transferphase

Messzeitpunkt/ bzw. -zeitspanne: 29.07 - 02.08. (Beginn der Sommerferien und Ende der Vorbereitungszeit für die Ferienfreizeiten)

Befragte Personengruppe:
1. Teilnehmer/innen des Programmes (9 der 14)
2. Hauptamtliche Mitarbeiter/innen, die in den Ferienfreizeitleitungsteams mitarbeiten (zu 6 der 9 Teilnehmer/innen befragt)

Messinstrument: Telephoninterviews

Grundgesamtheit:
1. N=14 (9 davon erreicht)
2. N=9 (6 davon erreicht)

Auswertung: handschriftlich (Tabellen)

Begründung:
Mich interessierte die Selbsteinschätzung der Programmteilnehmer/innen am Ende der konkreten Praxissituation (die Praxissituation ist die Vorbereitung der Ferienfreizeit) bezüglich der Frage, ob die einzelnen Kompetenzen in der Praxis tatsächlich von ihnen umgesetzt wurden und ob eine durch das Programm verursachte Verhaltensveränderung bezüglich dieser Kompetenzen in der Praxissituation festzustellen war.

Da ich zu diesem Messzeitpunkt (Beginn der Schulsommerferien) einen sehr geringen Rücklauf an schriftlichen Fragebögen erwartet hätte und die Messinstrumente im Interesse der zu Befragenden abwechseln wollte, wählte ich Telephoninterviews.

Da ich meine Fragen auf die konkrete Praxissituation bezog, schränkte sich die Zahl der zu befragenden Teilnehmer/innen von 14 auf 10 ein, da die anderen 4 nicht in einem Freizeitleitungs- und -vorbereitungsteam mitarbeiteten (wurden in deren Ortsgruppen nicht durchgeführt). Eine dieser 10 Teilnehmer/innen verfügt über keinen Telephonanschluss und war somit auch nicht erreichbar.

Als Zweites interessierte mich bei den auf die Praxissituation bezogenen Fragen auch die Fremdeinschätzung durch die hauptamtlichen Mitarbeiterinnen, welche die befragten 9 Teilnehmer/innen jeweils in den Praxissituationen erlebt hatten. Leider konnte ich die hauptamtlichen Mitarbeiter/innen nur zu 6 der 9 Teilnehmer/innen befragen, da die Person, welche über die restlichen 3 eine Fremdeinschätzung hätte abgeben können, zum Messzeitpunkt nicht erreichbar war.

4. Zentrale Ergebnisse zu den Teilfragestellungen

- **Wichtigkeit der Kompetenzen aus der Sicht der Teilnehmer/innen (vgl. Grafik 1, S. 120):**
  Bezüglich der Kompetenzen „Eigene Meinung vertreten", „Kompromisse schließen", „Aufgaben erkennen" und „Absprachen treffen" gaben **100 %** der Teilnehmer/innen an, dass es ihnen wichtig (Kategorie „wichtig" und „sehr wichtig") sei, diese Kompetenz zu besitzen.
  „**Einen eigenen Aufgabenbereich übernehmen**" halten **93 %** der Teilnehmer/innen und „**Sich in Entscheidungsprozesse einbringen**" halten **83 %** für wichtig.
  Die Kompetenz „**Informationen und Materialien selbst beschaffen**" finden nur **65%** der Teilnehmer/innen wichtig (Erfolgswert von 70 % unterschritten).
- **Selbsteinschätzung der Teilnehmer/innen zum Vorhandensein der Kompetenzen am Ende des Kurses (vgl. Grafik 2, S. 121):**
  100% der Teilnehmer/innen geben an, über die Kompetenzen „**Kompromisse schließen**" und „**Einen eigenen Aufgabenbereich übernehmen**" zu verfügen.
  93% der Teilnehmer/innen geben an, über die Kompetenzen „**Eigene Meinung vertreten**", „**Informationen und Materialien selbst beschaffen**" und „**Absprachen treffen**" zu verfügen.
  Die Kompetenz „**Aufgaben erkennen**" glauben **86 %** und die Kompetenz „**Sich in Entscheidungsprozesse einbringen**" **79 %** der Teilnehmer/innen zu besitzen.
  Somit liegen bei allen sieben Kompetenzen die Werte über dem Erfolgswert „70 % der Teilnehmer/innen".
- **Selbsteinschätzung der Teilnehmer/innen zur Veränderung ihrer Kompetenzen durch den Kurs (vgl. Grafik 2, S. 121):**
  Bezüglich der Kompetenz „**Einen eigenen Aufgabenbereich übernehmen**" gaben **79 %** der Teilnehmer/innen eine positive Veränderung durch den Kurs an.
  Bezüglich der Kompetenzen „**Eigene Meinung vertreten**" und „**Absprachen treffen**" waren es **64 %** und bezüglich der Kompetenz „**Aufgaben erkennen**" **62 %** der Teilnehmer/innen.
  Bezüglich der Kompetenzen „**Sich in Entscheidungsprozesse einbringen**" und „**Informationen und Materialien selbst beschaffen**" gaben nur **50 %** der

Teilnehmer/innen eine positive Veränderung durch den Kurs an und bezüglich der Kompetenz **„Kompromisse schließen"** lediglich 21 %.
Somit liegen die drei letztgenannten Kompetenzen unter dem Erfolgswert von 60 %.

- **Selbsteinschätzung der Teilnehmer/innen zur Umsetzung der Kompetenzen in der Praxissituation (vgl. Grafik 3, S. 121):**
Bezüglich der Kompetenzen **„Einen eigenen Aufgabenbereich übernehmen"**, **„Informationen und Materialien selbst beschaffen"**, **„Aufgaben erkennen"** und **„Absprachen treffen"** gaben **100 %** der befragten Teilnehmer/innen an, diese in der Praxissituation umgesetzt zu haben.
Bezüglich der Kompetenz **„Eigenen Meinung vertreten"** waren es **78 %**, bezüglich der Kompetenz **„Sich in Entscheidungsprozesse einbringen"** **67 %** und bezüglich der Kompetenz **„Kompromisse schließen"** **60 %** der Teilnehmer/innen.
Somit liegen die beiden letztgenannten Kompetenzen unter dem Erfolgswert von 70 %.

- **Selbsteinschätzung der Teilnehmer/innen zur Veränderung der Kompetenzen durch den Kursteil am Ende der Praxissituation (vgl. Grafik 3, S. 121):**
Bezüglich der Kompetenzen **„Einen eigenen Aufgabenbereich übernehmen"** und **„Aufgaben erkennen"** gaben **67 %** eine positive Veränderung durch den Kurs an.
Bezüglich der Kompetenz **„Kompromisse schließen"** waren es **60 %** und bezüglich der Kompetenzen **„Sich in Entscheidungsprozesse einbringen"** und **„Informationen und Materialien selbst beschaffen"** **56%**.
Bezüglich der Kompetenz **„Eigene Meinung vertreten"** waren es nur **33 %** und bezüglich der Kompetenz **„Absprachen treffen"** nur **22 %**.
Somit liegen die vier letztgenannten Kompetenzen unter dem Erfolgswert 60 %.

- **Teilnehmer/in kann aus Sicht der Hauptamtlichen ... (Befragung am Ende der Praxissituation) (vgl. Grafik 4, S. 122):**
Die Kompetenzen **„Einen eigenen Aufgabenbereich übernehmen"**, **„Informationen und Materialien selbst beschaffen"** und **„Aufgaben erkennen"** wurden von **100%** der sechs Teilnehmer/innen umgesetzt.
Die Kompetenz **„Eigene Meinung vertreten"** zeigten **67 %**, die Kompetenz **„Absprachen treffen"** **56 %** und die Kompetenz **„Kompromisse schließen"** **50 %** und die Kompetenz **„Sich in Entscheidungsprozesse einbringen"** lediglich **33 %**.
Somit lagen die drei letztgenannten Kompetenzen unter dem Erfolgswert von 60%.

- **Teilnehmer/in hat aus Sicht der Hauptamtlichen seine/ihre Kompetenzen durch den Kurs verbessert (vgl. Grafik 4, S. 122):**
Die hauptamtlichen Mitarbeiter/innen wurden auch zur Verbesserung der Kompetenzen der Teilnehmer/innen durch den Kursteil befragt.
Diese konnten aber nur bezüglich der drei Kompetenzen **„Sich in Entschei-**

dungsprozesse einbringen", „Eigene Meinung vertreten" und „Absprachen" Angaben zu dieser Frage machen. Sie hatten die Teilnehmer/innen vor dem Kurteil zu wenig erlebt, um auch über die anderen vier Kompetenzen eine Aussage machen zu können.

Bezüglich der drei „aussagekräftigen" Kompetenzen lautet das Ergebnis folgendermaßen:

100 % der sechs Teilnehmer/innen haben ihre Kompetenz **„Sich in Entscheidungsprozesse einbringen"** verbessert, **83 %** ihre Kompetenz **„Absprachen treffen"** und **40 %** ihre Kompetenz **„Eigene Meinung vertreten"**.

Der letztgenannte Kompetenz liegt unter dem Erfolgswert von 60 %.

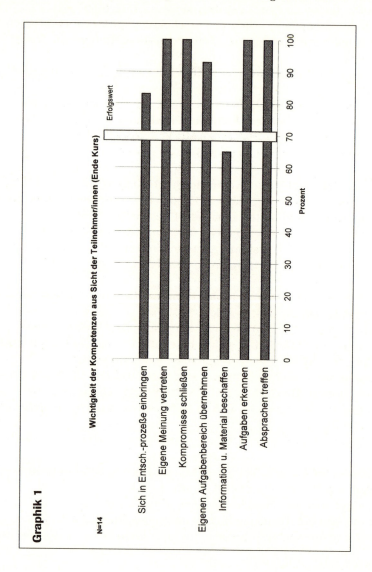

Graphik 2

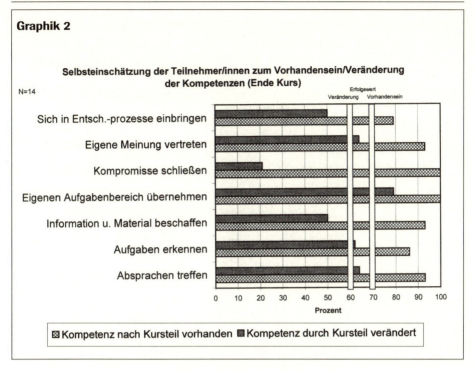

Graphik 3

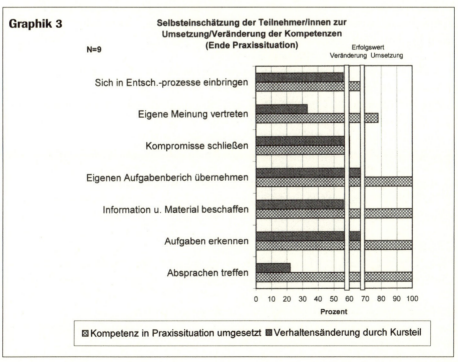

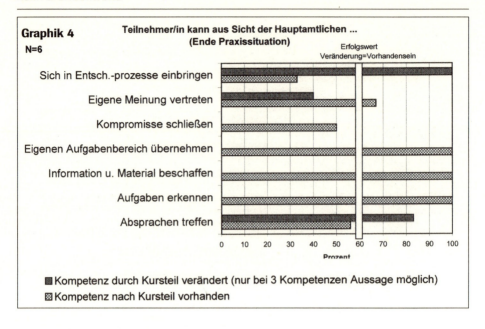

5. Interpretation/Schlussfolgerung/Empfehlung

Mein Interesse war es herauszufinden, welche der sieben Kompetenzen im Laufe des Programmes gut vermittelt, welche befriedigend vermittelt und welche nicht befriedigend vermittelt werden konnten. Was müsste bei einer Wiederholung des Programmes verbessert werden?
– Welche Kompetenz betrachte ich nun im Hinblick auf die im letzten Kapitel veröffentlichten Ergebnisse als gut vermittelt?
– Die Vermittlung welcher Kompetenz müsste aufgrund der Datenlage durch geeignete Maßnahmen verbessert werden?
Ich kläre diese beiden Fragen nach folgendem Verfahren:
Die Vermittlung einer Kompetenz gilt als durch geeignete Maßnahmen vorrangig zu verbessern, wenn drei oder mehr der in Übersicht 2 aufgelisteten Erfolgsspannen für die jeweilige Kompetenz **nicht** erreicht werden.
Dies führt zu folgenden Schlussfolgerungen bezüglich erforderlichen Verbesserungsmaßnahmen zu den 7 Kompetenzen:

I. Sich in Entscheidungsprozesse einbringen:
Die Erfolgsspannen (3), (4), (5) und (6) werden nicht erreicht. Daraus ergibt sich eindeutig, dass die Vermittlung dieser Kompetenz vorrangig zu verbessern ist.

II. Seine eigene Meinung gegenüber anderen vertreten:
Die Erfolgsspannen (5) und (7) werden nicht erreicht. Somit treffen auf diese Kompetenz weniger als drei Kriterien zu.

Auffallend ist aber, dass hier die Werte für eine in der Praxis erkennbare Verhaltensveränderung sowohl gemäß der Selbst- wie auch gemäß der Fremdeinschätzung relativ schlecht ausfallen. Dies wird jedoch durch die befriedigenden Werte im Bereich der selbst- und fremdwahrgenommenen Leistung in der Praxissituation ausgeglichen.

III. Kompromisse schließen:
Die Erfolgsspannen (3), (4) und (6) werden nicht erreicht.
Daraus ergibt sich eindeutig, dass die Vermittlung dieser Kompetenz vorrangig zu verbessern ist.

IV. Einen eigenen Aufgabenbereich übernehmen:
Alle sieben Erfolgsspannen werden erreicht!
Bei dieser Kompetenz zeigen sich bezüglich den Erfolgsspannen (2) bis (6) die besten Werte.
Die Vermittlung dieser Kompetenz ist sehr gut gelungen.

V. Informationen und Materialien selbst beschaffen:
Die Erfolgsspannen (1), (3) und (5) werden nicht erreicht.
Im Vergleich zu den eher schlechten Werten bezüglich einer positiven Verhaltensveränderung durch den Kurs sind die Werte, die sich auf das Vorhandensein dieser Kompetenz beziehen (sowohl in der Selbst- wie in der Fremdeinschätzung) gut bis sehr gut.
Da drei der sieben Kriterien auf diese Kompetenz zutreffen, gälte eigentlich, deren Vermittlung als vorrangig zu verbessern.
Davon ist in diesem Falle allerdings abzusehen, da sich die schlechten Werte bezüglich einer Verhaltensveränderung durch den Kurs durch gute Werte bezüglich des tatsächlichen Vorhandenseins dieser Kompetenz ausgleichen.

VI. Aufgabenbereiche erkennen:
Alle sieben Erfolgsspannen werden erreicht.
Die auf die Praxissituation bezogenen Werte fallen sehr gut aus.
Die Vermittlung dieser Kompetenz ist ebenfalls sehr gut gelungen.

VII. Absprachen treffen:
Die Erfolgsspannen (5) und (6) werden nicht erreicht.
Auffallend ist bei dieser Kompetenz, wie sehr die Selbst- und die Fremdeinschätzung bezogen auf die Fragen zur Praxissituation auseinander gehen. Eventuell muss in diesem Bereich die Selbstwahrnehmung der Teilnehmer/innen besser geschult werden.

Schlussfolgerung und Empfehlung

Mit Hilfe dieses Verfahrens konnte nun ermittelt werden, welche der sieben Kompetenzen gut bis sehr gut vermittelt werden konnten:
- Sehr gut vermittelt wurde die Kompetenz „Einen eigenen Aufgabenbereich übernehmen" sowie die Kompetenz „Aufgabenbereiche erkennen".
- Gut vermittelt wurden die Kompetenzen „Seine eigene Meinung gegenüber anderen vertreten" sowie „Absprachen treffen".

Ebenso wurde durch dieses Verfahren deutlich, welche beiden Kompetenzen bei einer Wiederholung des Programmes vorrangig besser vermittelt werden müssten: die Kompetenz „Sich in Entscheidungsprozesse Einbringen" und die Kompetenz „Kompromisse Schließen".

Dieses Ergebnis deckt sich mit dem Eindruck, den das Kursleitungsteam nach Beendigung des Kurses hatte.

Bezüglich der Kompetenz „Informationen und Materialien selbst beschaffen" lässt sich keine Aussage über die Vermittlung machen. Die Werte bezüglich einer positiven Verhaltensveränderung durch den Kurs liegen zwar unter dem Erfolgswert, die Werte bezüglich dem Vorhandensein dieser Kompetenz liegen jedoch in allen Fällen eindeutig über dem Erfolgswert. Die Schlussfolgerung liegt nahe, dass von den Kursteilnehmer/innen deshalb keine positive Verhaltensveränderung durch den Kurs gesehen wurde, weil sie die Kompetenz aus ihrer Sicht schon vor dem Kursteil besessen hatten.

Auf die Frage, wie eine bessere Vermittlung der beiden Kompetenzen „Sich in Entscheidungsprozesse einbringen" und „Kompromisse schließen" gelingen kann, geben die Antworten auf die im Fragebogen vom 29.05.1999 gestellten Fragen *„Was bei diesem Kursteil hat Dir dabei geholfen, diese Fähigkeit (Dich in Entscheidungsprozesse einzubringen/ Kompromisse zu schließen) weiterzuentwickeln?"* Antwort. Genannt wurde dort für den Bereich „Sich in Entscheidungsprozesse einbringen" die Aufforderungen des Teams, im Laufe des Projektes immer zu sagen, was einem „stinkt", das Erleben der konkreten Entscheidungsfindung auf dem Kurs (learning by doing) und die Einheit zur Reflexion und zum Transfer des auf dem Kurs Erlebten.

Für den Bereich „Kompromisse schließen" wurden folgende Aussagen gemacht: „... wir haben nie Mehrheitsentscheidungen durchgeführt ..." (war Vorgabe des Leitungsteams), „... weil wir in unserer Projektgruppe einen Kompromiss geschlossen haben ..." (wieder learning by doing) und „... weil ich bei der Themenentscheidung gemerkt habe, dass man nicht nur stur auf seine Sache sehen soll ..." (learning by doing).

Bei den Kompetenzen, deren Vermittlung gut bis sehr gut gelang, sollte ebenfalls auf die Antworten bei den Fragen *„Was bei diesem Kursteil hat Dir dabei geholfen, diese Fähigkeit weiterzuentwickeln?"* geschaut werden. Sie geben Auskunft darüber, warum die Vermittlung dieser Kompetenzen erfolgreich war (s. Anhang).

6. Kurzreflexion und Rückblick

Welcher Nutzen hat sich durch die Evaluation für das Programm ergeben?
- Bereits zu Beginn der Evaluation hatte diese einen großen Nutzen für das Programm bzw. für die Programmverantwortliche: Die Evaluation machte es erforderlich, sieben Kompetenzen, die das Programm vermitteln möchte, festzulegen und diese zu operationalisieren. So konnte eine größere Zielklarheit geschaffen werden, wovon das Programm bei seiner Durchführung profitierte und auch in Zukunft profitieren wird.
- Die Vorlage der Ergebnisse hat den Nutzen, dass das Programm im nächsten Jahr gezielt verbessert werden kann: Die Vermittlung der nicht befriedigend vermittelten Kompetenzen kann gezielt verändert werden.
- Die Vorlage der Ergebnisse bedeutet aber auch eine Bestätigung für die Programmverantwortliche sowie für die anderen Mitglieder des Kursleitungsteams: Vier der sieben Kompetenzen wurden gut bis sehr gut vermittelt. Dieses Ergebnis motiviert das gesamte Kursleitungsteam und kann gleichzeitig zur Werbung für die Teilnahme am Programm genutzt werden.

Anmerkung

1 Erstellt im Rahmen des Fortbildungskurses „Evaluation in der Jugendhilfe" 1998-1999, Jugendhof Vlotho in Kooperation mit der Arbeitsstelle für Evaluation an der Universität zu Köln.

Anhang

1. Datenerhebungsplan
2. Messinstrument 1
2.1. Fragebogen 24.5.1999
2.2. Fragebogen 29.5.1999
3. Messinstrument 2
3.1. Telefoninterviews Teilnehmer/innen
3.2. Telefoninterviews hauptamtliche Mitarbeiter/innen
4. Antworten zu den offenen Fragen im Fragebogen 29.5.1999

KOMPETENZERWERB

Arbeitsblatt Datenerhebung

Seite 1

Evaluationsfragestellung	Erfolgsspanne	Datenerhebungsplan					
		Liegen genug Daten vor?	Datenerhebungs-instrument	Wer könnte Daten geben? (Quelle)	Stichprobe	Wer könnte Daten erheben? (Erheber)	Erhebungs-zeitpunkte	Erhebungs-zeitraum	Durch-führbarkeit

Evaluationsfragestellung	Erfolgsspanne	Liegen genug Daten vor?	Datenerhebungs-instrument	Wer könnte Daten geben? (Quelle)	Stichprobe	Wer könnte Daten erheben? (Erheber)	Erhebungs-zeitpunkte	Erhebungs-zeitraum	Durch-führbarkeit
Zu welchen Sachverhalten sollen welche Informationen gewonnen werden?	quantitativ: Mindestwert (und ggf. Optimalwert) qualitativ: inhaltliche Anforderungen	☐ Ja ☐ Nein							☐ Ja ☐ Nein
1. Wie viele Teilnehmer/innen nehmen am Programm teil?	14–16 Personen		Dokument: Teilnehmer/innenliste für den Landesjugendplan				erster Tag des 3. Kursteiles: 24.5.1999	erster Tag des 3. Kursteiles: 24.5.1999	☐ Ja ☐ Nein
							letzter Tag des 3. Kursteiles: 29.5.1999	letzter Tag des 3. Kursteiles: 29.5.1999	
2. Haben die Teilnehmer/innen am Ende des 3. Kursteiles die Einsichten und Einstellungen erworben, die für einen Nutzen im o.g. Sinne Voraussetzung sind (z.B. „Es ist gut, wenn ich mich aktiv in Entscheidungsprozesse innerhalb meines örtlichen Leitungsteams einbringe.")?	70 % der Teilnehmer/innen haben die Einsichten und Einstellungen erworben		- Die Antworten auf die Teilfragen 3 und 4 werden über einen Fragebogen am Ende des 3. Kursteiles abgefragt. - Nach der Bearbeitung des Fragebogens stellen die Teilnehmer/innen ihre Antworten in einer Gruppendiskussion im Plenum vor und diskutieren über ihre verschiedenen Standpunkte. (Diese Gruppendiskussion ist zusätzliches Datenerhebungsinstrument und Intervention zugleich: die Datenerheber erfahren etwas über die Hintergründe für die im Fragebogen gegebenen Antworten, gleichzeitig ist die Gruppendiskussion eine Möglichkeit für die Teilnehmer/innen die eben gegebenen Antworten zu reflektieren und zu überprüfen) - Nach der Gruppendiskussion bearbeiten die Teilnehmer/innen diesen Fragebogen noch einmal mit einem Stift einer anderen Farbe; so wird deutlich, wo sich nach	Kursteilnehmer/innen selbst	keine	Kursleitungs-team			

126

KOMPETENZERWERB

Arbeitsblatt Datenerhebung

Seite 2

3. Wie schätzen die Teilnehmer/innen am Ende des 3. Kursteiles die o.b. Fähigkeiten bei sich selbst ein?	Jede der 7 zu vermittelnden Kompetenzen ist bei mindestens 70 % der Kursteilnehmer/innen am Ende des Kurses vorhanden.	☐ Ja ☐ Nein	der Gruppendiskussion Veränderungen bei der Beantwortung ergeben haben.	siehe oben	siehe oben	siehe oben	☐ Ja ☐ Nein
4. Inwieweit hat der Kurs eine positive Veränderung der vor dem Kurs bestehenden Einstellungen und Fähigkeiten bewirkt?	Jedem Teilnehmer/jeder Teilnehmerin zeigt sich bei mindestens 50 % aller Fragen zu Einstellungen eine Veränderung nach oben (bezogen auf die Fragen, bei denen eine Veränderung nach oben noch möglich ist).	☐ Ja ☐ Nein	1. Zu Beginn des ersten Kurses wird ein Fragebogen mit den gleichen Fragen zu Einstellungen und Fähigkeiten von den Teilnehmer/innen ausgefüllt. Die Fragebögen werden miteinander verglichen. 2. Beim Fragebogen am Ende des Kurses wird den Fragen zu den Fähigkeiten eine Frage angefügt, die danach fragt, inwieweit der dritte Kursteil zu einer Verbesserung der Fähigkeiten beigetragen hat.				
5. Wie bewerten die Teilnehmer/innen am Ende der Vorbereitungsphase (i.d.R. Beginn der Sommerferien) den Grad, inwieweit sie die beim Kurs gewonnenen Lernerfahrungen bei der Vorbereitung der Ferienfreizeit nutzen konnten?	Mindestens 80 % sehen einen Nutzen, den sie aus den Lernerfahrungen des Kurses für die Vorbereitung der Ferienfreizeiten gezogen haben.	☐ Ja ☐ Nein	Telefoninterviews	10 oder 14 TN des Kurses (TN, die im Leitungsteam einer Ferienfreizeit mitarbeiten)	Keine (Grundgesamtheit war für Stichprobenziehung zu klein)	Elke Fischer	26., 28. Juli, 2. August	☐ Ja ☐ Nein (technisch ja; zeitlich nach 18.6.)
6. Wie schätzen andere Mitarbeiter/innen in diesen (Ferienfreizeit-)Leitungsteams den Grad ein, inwieweit Kursteilnehmer/innen die Lernerfahrungen im o.g. Sinne genutzt haben?	Mindestens 80 % sehen, dass die Kursteilnehmer/innen einen Nutzen aus den Lernerfahrungen des Kurses gezogen haben.	☐ Ja ☐ Nein	Telefoninterviews	erfahrene ehrenamtliche oder hauptamtliche Mitarbeiter/innen (Gemeindereferentin etc.) aus Ferienfreizeit-leitungsteams	Es handelt sich dabei um 6 Teams; aus jedem Team soll eine Person befragt werden.	Elke Fischer	26. Juli bis 20. August	☐ Ja ☐ Nein (technisch ja; zeitlich nach 18.6.)

2. Messinstrument 1
2.1 Fragebogen: 24.05.99

1. Wie wichtig ist es Dir, Dich innerhalb eines Teams aktiv in Entscheidungsprozesse einzubringen?
   A sehr wichtig   B wichtig   C weniger wichtig   D unwichtig

2. Wie wichtig ist es Dir, innerhalb dieser Entscheidungsprozesse den anderen gegenüber für Deine eigene Meinung einzutreten?
   A sehr wichtig   B wichtig   C weniger wichtig   D unwichtig

3. Wie wichtig ist Dir, mit den anderen Mitarbeiterinnen und Mitarbeitern in einem Team einen Kompromiss zu erarbeiten?
   A sehr wichtig   B wichtig   C weniger wichtig   D unwichtig

4. Wie wichtig ist es Dir, bei der Vorbereitung und Durchführung eines Projektes einen eigenen Aufgabenbereich zu übernehmen, für den Du verantwortlich bist?
   A sehr wichtig   B wichtig   C weniger wichtig   D unwichtig

5. Wie wichtig ist es Dir, dass Du Dir bei der Bewältigung dieses Aufgabenbereiches die dafür notwendigen Informationen und das dafür notwendige Material selbst beschaffst?
   A sehr wichtig   B wichtig   C weniger wichtig   D unwichtig

6. Wie wichtig ist es Dir, dass Du bei der Vorbereitung eines Projektes genau erkennst, welches die Aufgabenbereiche sind, die erledigt werden müssen?
   A sehr wichtig   B wichtig   C weniger wichtig   D unwichtig

7. Wie wichtig ist es Dir, Dich bei der Vorbereitung eines Projektes mit den anderen Mitarbeiterinnen und Mitarbeitern im Team abzusprechen (Informationen weitergeben, Vereinbarungen treffen, etc.)?
   A sehr wichtig   B wichtig   C weniger wichtig   D unwichtig

Bisher ging es um Deine Einstellung zu verschiedenen Fragen. Im Folgenden soll es darum gehen, wie Du Deine Fähigkeiten in den eben genannten Bereichen einschätzt.
Beurteile, inwiefern folgende Aussagen auf Dich zutreffen:

8. Ich kann mich aktiv in Entscheidungsprozesse innerhalb eines Teams einbringen.
   A trifft vollständig zu   B trifft weitgehend zu   C trifft weniger zu   D trifft überhaupt nicht zu

9. Ich kann innerhalb eines Entscheidungsprozesses gegenüber den anderen für meine eigene Meinung eintreten.
   A trifft vollständig zu   B trifft weitgehend zu   C trifft weniger zu   D trifft überhaupt nicht zu

10. Ich kann mit den anderen Mitarbeiterinnen und Mitarbeitern in einem Team einen Kompromiß erarbeiten.
    A trifft vollständig zu   B trifft weitgehend zu   C trifft weniger zu   D trifft überhaupt nicht zu

KOMPETENZERWERB

11. Ich kann bei der Vorbereitung und Durchführung eines Projektes einen Aufgabenbereich übernehmen, für den ich verantwortlich bin.
   A trifft vollständig zu   B trifft weitgehend zu   C trifft weniger zu   D trifft überhaupt nicht zu

12. Ich kann mir bei der Bewältigung dieses Aufgabenbereiches die dafür notwendigen Informationen und das dafür notwendige Material selbst beschaffen.
   A trifft vollständig zu   B trifft weitgehend zu   C trifft weniger zu   D trifft überhaupt nicht zu

13. Ich kann bei der Vorbereitung eines Projektes genau erkennen, welches die Aufgabenbereiche sind, die erledigt werden müssen.
   A trifft vollständig zu   B trifft weitgehend zu   C trifft weniger zu   D trifft überhaupt nicht zu

14. Ich kann mich innnerhalb der Vorbereitung und Durchführung eines Projektes mit den anderen Mitarbeiterinnen und Mitarbeitern im Team gut absprechen (Informationen weitergeben, Vereinbarungen treffen etc.).
   A trifft vollständig zu   B trifft weitgehend zu   C trifft weniger zu   D trifft überhaupt nicht zu

2.2 Fragebogen: 29.05.99

1. Wie wichtig ist es Dir, Dich innerhalb eines Teams aktiv in Entscheidungsprozesse einzubringen?
   A sehr wichtig   B wichtig   C weniger wichtig   D unwichtig

2. Wie wichtig ist es Dir, innerhalb dieser Entscheidungsprozesse den anderen gegenüber für Deine eigene Meinung einzutreten?
   A sehr wichtig   B wichtig   C weniger wichtig   D unwichtig

3. Wie wichtig ist Dir, mit den anderen Mitarbeiterinnen und Mitarbeitern in einem Team einen Kompromiss zu erarbeiten?
   A sehr wichtig   B wichtig   C weniger wichtig   D unwichtig

4. Wie wichtig ist es Dir, bei der Vorbereitung und Durchführung eines Projektes einen eigenen Aufgabenbereich zu übernehmen, für den Du verantwortlich bist?
   A sehr wichtig   B wichtig   C weniger wichtig   D unwichtig

5. Wie wichtig ist es Dir, daß Du Dir bei der Bewältigung dieses Aufgabenbereiches die dafür notwendigen Informationen und das dafür notwendige Material selbst beschaffst?
   A sehr wichtig   B wichtig   C weniger wichtig   D unwichtig

6. Wie wichtig ist es Dir, daß Du bei der Vorbereitung eines Projektes genau erkennst, welches die Aufgabenbereiche sind, die erledigt werden müssen?
   A sehr wichtig   B wichtig   C weniger wichtig   D unwichtig

KOMPETENZERWERB

7. Wie wichtig ist es Dir, Dich bei der Vorbereitung eines Projektes mit den anderen Mitarbeiterinnen und Mitarbeitern im Team abzusprechen (Informationen weitergeben, Vereinbarungen treffen, etc.)?
   A sehr wichtig B wichtig C weniger wichtig D unwichtig

Bisher ging es um Deine Einstellung zu verschiedenen Fragen. Im Folgenden soll es darum gehen, wie Du Deine Fähigkeiten in den eben genannten Bereichen einschätzt.
Beurteile, inwiefern folgende Aussagen auf Dich zutreffen:

8. Ich kann mich aktiv in Entscheidungsprozesse innerhalb eines Teams einbringen.
   A trifft vollständig zu B trifft weitgehend zu C trifft weniger zu D trifft überhaupt nicht zu

9. Konntest Du diese Fähigkeit hier auf dem 3. Kursteil weiterentwickeln?
   A sehr viel weiterentwickeln B viel weiterentwickeln
   C weniger weiterentwickeln D gar nicht weiterentwickeln

10. Wenn Du A oder B angekreuzt hast: Was bei diesem Kursteil hat Dir dabei geholfen, diese Fähigkeit weiterzuentwickeln?

11. Ich kann innerhalb eines Entscheidungsprozesses gegenüber den anderen für meine eigene Meinung eintreten.
    A trifft vollständig zu B trifft weitgehend zu C trifft weniger zu D trifft überhaupt nicht zu

12. Konntest Du diese Fähigkeit hier auf dem dritten Kursteil weiterentwickeln?
    A sehr viel weiterentwickeln B viel weiterentwickeln
    C weniger weiterentwickeln D gar nicht weiterentwickeln

13. Wenn Du A oder B angekreuzt hast: Was bei dem Kursteil hat Dir dabei geholfen, diese Fähigkeit weiterzuentwickeln?

14. Ich kann mit den anderen Mitarbeiterinnen und Mitarbeitern in einem Team einen Kompromiss erarbeiten.
    A trifft vollständig zu B trifft weitgehend zu C trifft weniger zu D trifft überhaupt nicht zu

15. Konntest Du diese Fähigkeit hier auf dem dritten Kursteil weiterentwickeln?
    A sehr viel weiterentwickeln B viel weiterentwickeln
    C weniger weiterentwickeln D gar nicht weiterentwickeln

16. Wenn Du A oder B angekreuzt hast: Was bei diesem Kursteil hat Dir dabei geholfen, diese Fähigkeit weiterzuentwickeln?

17. Ich kann bei der Vorbereitung und Durchführung eines Projektes einen Aufgabenbereich übernehmen, für den ich verantwortlich bin.
    A trifft vollständig zu B trifft weitgehend zu C trifft weniger zu D trifft überhaupt nicht zu

18. Konntest Du diese Fähigkeit hier auf dem dritten Kursteil weiterentwickeln?
    A sehr viel weiterentwickeln   B viel weiterentwickeln
    C weniger weiterentwickeln   D gar nicht weiterentwickeln

19. Wenn Du A oder B angekreuzt hast: Was bei diesem Kursteil hat Dir dabei geholfen, diese Fähigkeit weiterzuentwickeln?

20. Ich kann mir bei der Bewältigung dieses Aufgabenbereiches die dafür notwendigen Informationen und das dafür notwendige Material selbst beschaffen.
    A trifft vollständig zu   B trifft weitgehend zu   C trifft weniger zu   D trifft überhaupt nicht zu

21. Konntest Du diese Fähigkeit hier auf dem dritten Kursteil weiterentwickeln?
    A sehr viel weiterentwickeln   B viel weiterentwickeln
    C weniger weiterentwickeln   D gar nicht weiterentwickeln

22. Wenn Du A oder B angekreuzt hast: Was bei diesem Kursteil hat Dir dabei geholfen, diese Fähigkeit weiterzuentwickeln?

23. Ich kann bei der Vorbereitung eines Projektes genau erkennen, welches die Aufgabenbereiche sind, die erledigt werden müssen.
    A trifft vollständig zu   B trifft weitgehend zu   C trifft weniger zu   D trifft überhaupt nicht zu

24. Konntest Du diese Fähigkeit hier auf dem dritten Kursteil weiterentwickeln?
    A sehr viel weiterentwickeln   B Viel weiterentwickeln
    C weniger weiterentwickeln   D gar nicht weiterentwickeln

25. Wenn Du A oder B angekreuzt hast: Was bei diesem Kursteil hat Dir dabei geholfen, diese Fähigkeit weiterzuentwickeln?

26. Ich kann mich innerhalb der Vorbereitung und Durchführung eines Projektes mit den anderen Mitarbeiterinnen und Mitarbeitern im Team gut absprechen (Informationen weitergeben, Vereinbarungen treffen, etc.).
    A trifft vollständig zu   B trifft weitgehend zu   C trifft weniger zu   D trifft überhaupt nicht zu

27. Konntest Du diese Fähigkeit hier auf dem dritten Kursteil weiterentwickeln?
    A sehr viel weiterentwickeln   B viel weiterentwickeln
    C weniger weiterentwickeln   D gar nicht weiterentwickeln

28. Wenn Du A oder B angekreuzt hast: Was bei diesem Kursteil hat Dir dabei geholfen, diese Fähigkeit weiterzuentwickeln?

3. Messinstrument 2
3.1 Interviewleitfaden für die Telephoninterviews

Befragte Personengruppe:
TeilnehmerInnen des 3. Kursteiles des Grundkurses für GruppenleiterInnen, die in einem Leitungsteam einer Sommerfreizeit mitarbeiten.

1. Hast du im Leitungsteam bei den Vorbereitungen für die Sommerfreizeit mitgearbeitet?
2. Wann habt Ihr mit den Vorbereitungen begonnen?
3. Wie oft habt Ihr Euch getroffen?
4. Wie fandest Du Eure Vorbereitung?
    a) Was fandest Du daran gut?
    b) Was hat Dir daran nicht gefallen?
5. Ich will Dir jetzt ein paar Fragen zu Deinem Vorgehen bei den Vorbereitungen stellen:
    a) Wie hast du Dich vor dem 3. Kursteil des Grundkurses in die Entscheidungsprozesse in Eurem Team eingebracht?
    b) Wie hast Du Dich nach dem dritten Kursteil in die Entscheidungsprozesse eingebracht?
    c) Gibt es da einen Unterschied zwischen vorher und nachher?
6. a) Wie bist du den anderen im Vorbereitungsteam gegenüber für Deine eigenen Meinung eingetreten?
    b) Gibt es da einen Unterschied zwischen Deinem Verhalten vor und nach dem dritten Kursteil?
7. a) Habt Ihr in Eurem Leitungsteam Kompromisse geschlossen?
    b) Wie hast Du mit Deinem Verhalten zu diesen Kompromissen beigetragen?
    c) Haben Dir die Erfahrungen vom Kurs dabei geholfen?
8. a) Hast Du im Laufe der Vorbereitungen einen Bereich übernommen, für den Du selbst verantwortlich warst?
    b) Wenn nein: Woran lag das?
    Wenn ja: Was für ein Bereich war das? War das vor oder nach dem dritten Kursteil?
    c) Hat der Kursteil Deiner Einschätzung nach etwas dazu beigetragen, dass Du Lust hattest, diesen Bereich selbständig zu übernehmen?
9. a) Hast Du bei den Aufgaben, die Du übernommen hast, die dafür notwendigen Informationen selbst herausgefunden? Hast Du das dafür notwendige Material selbst besorgt?
    b) Wenn nein: Woran lag das?; wenn ja: War das vor oder nach dem dritten Kursteil?
    c) Hat Dich Deiner Einschätzung nach der dritte Kursteil dazu motiviert?
10. a) Hast du während der Vorbereitung erkannt, welches die Aufgabenbereiche sind, die abgedeckt werden müssen?
    b) Gibt es in dieser Hinsicht einen Unterschied für Dich zwischen der Zeit vor dem dritten Kursteil und der Zeit nach dem dritten Kursteil?
11. a) Fandest Du, dass Ihr Euch im Team ausreichend abgesprochen habt?
    b) Wurden alle wichtigen Informationen weitergegeben?
    c) Wurden klare Absprachen getroffen (z.B. wer für was verantwortlich ist?)
    d) Wurden diese Absprachen eingehalten?
    e) Wie bist Du in diesen drei Punkten mit Dir selbst zufrieden? Hast Du alle wichtigen Informationen weitergegeben?

f) Hast Du die notwendige Absprachen getroffen?
g) Hast du dich auch an diese gehalten?
h) Hast Du Dich nach dem dritten Kursteil in diesen drei Punkten anders verhalten als davor?
12. Wenn du jetzt Deine Mitarbeit bei den Vorbereitungen betrachtest: in welchen Bereichen hattest Du noch Schwierigkeiten und hättest Dir gewünscht, dazu etwas auf dem Grundkurs gelernt zu haben?

3.2. Interviewleitfaden für die Telephoninterviews

Befragte Personengruppe:
Hauptamtliche oder erfahrene ehrenamtliche MitarbeiterInnen, die mit den betreffenden KursteilnehmerInnen in den jeweiligen Leitungsteams der Sommerfreizeiten zusammenarbeiten.

„Ich möchte herausfinden, inwieweit der dritte Kursteil des Grundkurses dazu beigetragen hat, dass xy in bestimmten Bereichen ihre Fähigkeiten verbessern konnte und inwieweit das auch bei der Vorbereitung der Sommerfreizeit deutlich wurde. Dazu werde Ich Dir/ Ihnen jetzt folgende Fragen stellen:

1. a) Wie hat sich xy in die Entscheidungsprozesse innerhalb des Vorbereitungsteams eingebracht?
   b) Hat sich xy nach dem dritten Kursteil stärker in die Entscheidungsprozesse eingebracht als vorher?
2. a) Wie gut konnte xy im Laufe der Vorbereitungen ihre Meinung gegenüber den anderen im Vorbereitungsteam vertreten?
   b) Hat sich xy – Deinem/Ihrem Eindruck nach – nach dem dritten Kursteil anders für ihre Meinung eingesetzt als vorher?
3. a) Gab es während der Vorbereitungen Situationen im Team, die es erforderlich machten, Kompromisse zu schließen?
   b) Hat xy mit ihrem/seinem Verhalten etwas zur Erarbeitung dieser Kompromisse beigetragen?
   c) War das vor oder nach dem dritten Kursteil?
4. a) Hat xy im Laufe der Vorbereitungen einen Aufgabenbereich übernommen, für den sie/er alleine zuständig war?
   b) Wenn nein: Woran lag das?
   c) Wenn ja: Was war das für ein Bereich? Hat sie/er diesen Aufgabenbereich zufriedenstellend bewältigt?
   d) War das vor oder nach dem dritten Kursteil?
5. a) Hat sich xy bei der Bewältigung ihr/ihm übertragener Aufgaben die dafür notwendigen Informationen und Materialien selbst besorgt?
   b) Wenn nein: Woran lag das?
   c) Wenn ja: Was waren das für Informationen, was waren das für Materialien?
   d) War das vor oder nach dem dritten Kursteil?
6. Hat sich sonst noch etwas in puncto Selbständigkeit bei xy nach dem Kursteil verändert?
7. a) Kann xy Deiner/Ihrer Einschätzung nach gut erkennen, welches die Aufgabenbereiche sind, die innerhalb der Organisation und Durchführung der Sommerfreizeit abgedeckt werden müssen?
   b) Hat sich das in bestimmten Situationen im Laufe der Vorbereitung gezeigt?
   c) Wann haben sich diese Situationen ereignet? Vor oder nach dem dritten Kursteil?

KOMPETENZERWERB

8. Wie gut hat sich xy bei der Erledigung ihrer/seiner Aufgaben mit den anderen MitarbeiterInnen im Team abgesprochen?
   a) Hat sie/er die notwendigen Informationen weitergegeben?
   b) Hat sie/er die notwendigen Absprachen getroffen?
   c) Hat sie/er sich an Absprachen gehalten?
   d) Hat sich Deiner/Ihrer Einschätzung nach eine Veränderung in diesen drei Punkten nach dem dritten Kursteil ergeben?
9. Sind Dir/Ihnen noch andere Veränderungen im Laufe der Vorbereitungen bei xy aufgefallen?

4. Antworten zu den offenen Fragen: Was bei diesem Kursteil hat dir dabei geholfen, diese Fähigkeit weiterzuentwickeln?

I. Sich in Entscheidungsprozesse einbringen:
- „Es ist uns oft gesagt worden, wie wichtig es ist, bei Entscheidungsprozessen mitzuwirken."
- „Die Entscheidung, welches Projekt wir machen wollen, hat mir gezeigt, dass es wichtig ist zu argumentieren, die andere Gruppe zu überzeugen. Das immer wieder Diskutieren."
- „Die ganzen Diskussionen und die Sache, wenn wir sagen sollten, was uns stinkt."
- „Dass ich gelernt habe, wie man seine eigenen Aufgaben bearbeitet und dass man Entscheidungsprozesse erlebt hat."
- „Durch die Auseinandersetzungen und Entscheidungen"
- „RETRA" (Arbeitseinheit zur Reflexion und zum Transfer)

II. Seine eigene Meinung gegenüber anderen vertreten:
- „Die Blitzlichtrunden haben mich immer dazu getrieben, wirklich offen meine Meinung zu sagen, was ich sonst vielleicht nicht getan hätte. Wir haben auf diesem Kurs von Anfang an gelernt, offen zu reden."
- „Wieder der Entscheidungsprozess des Projektes"
- „Diskussionen im Plenum und im Projektrat/die Notwendigkeit auf Kritik zu antworten"
- „Ich denke, es waren einfach die Diskussionen, die wir gemacht haben."
- „Das Problem mit Roland. Es zeigt mir, dass ich jedem sagen muss, wenn mir an ihm etwas nicht passt."
- „Beim RETRA ist mir klar geworden, wie wenig ich die anderen wirklich mit guten Argumenten überzeugen konnte. Bei weiteren Entscheidungen habe ich deshalb immer davor überlegt, mit welchen Argumenten ich überzeugen kann."
- „Weil es wichtig ist, seine eigene Meinung zu sagen, damit jeder zufrieden ist und die Vorschläge oder Kritik anhört und vielleicht etwas verbessern kann."
- „Die Diskussionen"

III. Kompromisse schließen:
- „Wir haben nie Mehrheitsentscheidungen durchgeführt. Wir haben so lange über etwas diskutiert, bis jeder mit der Entscheidung zufrieden war."
- „In der Projektgruppe gab es eine Situation, in der wir einen Kompromiss geschlossen haben."
- „Bei der Themenentscheidung: weil man nicht stur auf eine Sache sehen soll."

IV. Einen eigenen Aufgabenbereich übernehmen:

- „Da sich die Teamer fast völlig aus dem Projekt rausgehalten haben, musste auch wirklich jeder einen eigenen Aufgabenbereich übernehmen und hat gemerkt, dass man das eigentlich gut kann, sich nur nie traut."
- „Dass ich eben so einen Aufgabenbereich übernommen habe."
- „Eine verantwortungsvolle Aufgabe, die ich übernommen habe"
- „Jede Gruppe hatte Verantwortung über ihren Bereich und ich habe mich auch verantwortlich gefühlt, wenn etwas nicht geklappt hat."
- „Arbeit in der Projektleitung"
- „Ich musste meine Aufgabe selbst erledigen, aber ich konnte mir vorher meine Aufgabe aussuchen."
- „Bei der Requisiten-Gruppe wurde mir klar, dass man für etwas verantwortlich ist und wenn man das nicht richtig ausführt, müssen die anderen darunter leiden."
- „Eigentlich hat mir nichts Spezielles dabei geholfen, weil wir ja alles in Kleingruppen gemacht haben."
- „Die Aufgabe als Projektleitung/gute Strukturierung des Vorbereitungsteams"
- „Projekt"

V. Informationen und Materialien selbst beschaffen:

- „Es musste einfach jeder mitarbeiten; man hat den gewissen 'Anschupser' bekommen, die Faulheit überwunden. Es war mir wichtig, meinen Bereich gut zu erfüllen."
- „Die Projektgruppe. Jeder einzelne hat mit geholfen, Informationen und Material zu beschaffen."
- „Als wir die Informationen aus der Bücherei geholt und sie in Dialoge umgesetzt haben."
- „Man kann in Büchereien gehen – in alle Läden eigentlich – um sich über solche Sachen zu informieren."
- „Als wir die Informationen in der Bücherei in Freiburg über unser Land suchten."
- „Weil ich in der Bücherei viel an Informationen geholt habe."

VI. Aufgabenbereiche erkennen:

- „Jede Kleingruppe musste eigenständig überlegen, was erledigt werden musste. Im Plenum hat auch jeder eigenständig überlegt – ohne die Teamer."
- „Bei dem Film war so was sehr oft nötig."
- „Jede Projektgruppe musste sich überlegen, was man alles braucht und organisieren muss. Das Ergebnis zeigt, dass man an fast alles gedacht hat. Ich weiß nicht, was meine Gruppe vergessen hat."
- „Arbeit in der Leitung"
- „Da wir einen Film gedreht haben und verschiedene Kleingruppen hatten, wusste ich, welches die Aufgabenbereiche sind."
- „Als wir aufgeschrieben haben, was wir für die Requisiten brauchen."
- „Durch Auseinandersetzung im Projekt/Arbeit in der Projektleitung"
- „Weil wir uns untereinander abgesprochen haben, was jeder tun muss."

VII. Absprachen treffen:

- „Es ist einem wirklich klar geworden, wie wichtig es ist, sich abzusprechen, da sonst sehr vieles schief geht. Deshalb hat man sich bemüht, immer alles mit den anderen abzusprechen."

- „Die Projektgruppe: Ich habe nie etwas alleine entschieden, sondern meinen Gruppenmitgliedern von meiner Idee erzählt, um gemeinsam zu entscheiden.
- „Die Arbeit in den Kleingruppen, die miteinander kooperieren mussten."
- „Projektleitung/ Projektrat/ Projektplenum"
- „Obwohl es mit der Absprache nicht so gut geklappt hat, habe ich gelernt, dass eine Absprache ziemlich wichtig ist."
- „Projektleitung/immer wieder Diskussionen, Gespräch/immer wieder Reflexion"
- „Die Erkundungs- und die Aktionsvorbereitung, weil man sich untereinander absprechen muss, was man vorbereiten muss."
- „Projekt"

Selbst❦Evaluation für Ehrenamtlerinnen
Hanne Bestvater

Kennzeichen des Ansatzes/Hintergrundwissen

Qualitätsentwicklung in sozialen und pädagogischen Arbeitsfeldern ist auf die aktive und auch konzeptionell engagierte Mitwirkung der Fachkräfte angewiesen. Hierfür bietet das Konzept der Selbst❦Evaluation eine theoretische Grundlage und methodische Hilfen. Es ist die einzige Methode, die in der Qualitätsentwicklung eingesetzt wird, die systematisch vorhandene Ressourcen der einzelnen Fachkraft nutzt, statt auf Kenntnisse von anderen Spezialisten zu bauen (wie z.B. Controller).

Einzelheiten zum Begriff

Selbst❦Evaluation ist eine Form von Evaluation. **Evaluation heißt Auswerten, Bewerten, Beurteilen. Evaluationen** sind systematische, d.h. auf qualitativen oder quantitativen Daten basierende Untersuchungen über Programme/Projekte/Maßnahmen im pädagogischen und sozialen Bereich (siehe auch Beitrag von W. Beywl, S. 16 ff.).

Selbst❦Evaluation als eine spezielle Form ist die systematische Untersuchung des eigenen fachlichen Handelns (die eigene alltägliche und fachliche Praxis rückt in den Blick).

Tipp 1: Selbst❦Evaluation zielt auf eine systematische Planung von Maßnahmen und Interventionen, die integriert ist mit empirisch abgesicherten, nachvollziehbaren Bewertungen von Strukturen, Prozessen und Ergebnissen pädagogischer und sozialer Arbeit.

Tipp 2: Dabei legen die Fachkräfte ihre Ziele selbst fest und überprüfen ihre Erreichung durch eine Evaluationsuntersuchung. Es geht darum, gestützt durch Selbst❦Evaluation, die eigene alltägliche und fachliche Praxis zu verbessern, die realisierte Qualität zu belegen und zwar planmäßig, dokumentiert und damit auch für Dritte nachvollziehbar[1]. Dabei beachtet sie wie jede Evaluation einschlägige Standards bei der Datenerhebung wie Zuverlässigkeit, Genauigkeit von Instrumenten, Angemessenheit von Stichproben u.ä. (und erfordert an dieser Stelle methodische Kenntnisse und Übung).

Wer seine eigene Arbeit beobachten und beurteilen soll, muss sich gegen selektive Wahrnehmung oder verzerrte unsystematische Urteile schützen. Deshalb bietet SE methodische Hilfen, die eigene Wahrnehmung empirisch zu überprüfen und sich vor eigenen Denkfehlern zu schützen (z.B. reflexive Frageformen, mit denen die eigenen Denkprozesse bei der Evaluationsplanung immer wieder überprüft werden).

Mit der SE erhalten die Fachkräfte neben der Supervision (als etablierter Methode der Qualitätsentwicklung² ein ergänzendes, zum Teil auch alternatives Instrumentarium. Es lenkt den Blick auf die selbst gesetzten Ziele und die überprüfbaren Wirkungen der eigenen Arbeit und des eigenen Handelns. Damit leistet SE einen entscheidenden Beitrag zum Nachweis von Erfolgen in der sozialen Arbeit, sowohl sich selbst als auch Kollegen, Vorgesetzten oder Geldgebern gegenüber und unterstützt den Perspektivwechsel in der sozialen Arbeit von der Orientierung an Konzeptionen und Prinzipien zu (outcomeorientierten) Zielen.

Die im Folgenden beschriebenen Projekte wurde im Rahmen einer Fortbildung Selbst⌘Evaluation in der Verbandsarbeit/Kinder und Jugendarbeit des Jugendverbandes Sozialistische Jugend Die Falken realisiert. Die Fortbildung wurde konzeptionell verantwortet durch die Arbeits- und Forschungsstelle für Evaluation Uni Köln (heute UNIvation) und geleitet von wdöff training & beratung, Bonn. Das Konzept für die Fortbildung basiert auf dem Ansatz der Selbst⌘Evaluation wie es von Frau Professor Maja Heiner, Tübingen entwickelt wurde. Die Teilnehmenden sollten für die Erprobungsphase der Fortbildung Praxisbeispiele wählen, die ausreichend interessant und wichtig waren und gleichzeitig klein und überschaubar genug um als Lernbeispiel funktionieren zu können.

Beispiel für ein Selbst⌘Evaluations-Vorhaben aus dem Bereich Kurzberatung von SchülerInnen

Klärung und Nachweis von Beratungsqualität

Rahmenbedingungen
Beschreibung der Maßnahme, innerhalb der die Selbst⌘Evaluation durchgeführt wurde.

In dem Modellprojekt „Mobiles Informationszentrum für Schüler und Schülerinnen" (i.F. Info-Mobil der Essener Falken) arbeiteten zur Zeit der Fortbildung eine teilzeit-hauptamtliche pädagogische Kraft, drei 10-Std.-hauptamtliche Kräfte und mehrere Praktikanten als AnsprechpartnerInnen für Kinder und Jugendliche. Das Info-Mobil fährt überwiegend vormittags Schulhöfe an. Ziel ist den Schülern und Schülerinnen Informationen und Hilfen zu bieten zu Sport-, Urlaubs-, und Freizeitmöglichkeiten, Berufsplanung und Zivildienst, Sexualität, Verhütung und Schwangerschaft, Aids, Problemen mit Alkohol und anderen Drogen, Gewalt und Rassismus. Dies findet vor allem in Gesprächen statt und wird ergänzt durch gezielte Weitergabe von Broschüren. Darüber hinaus sollen auch Selbstorganisationsmöglichkeiten/-ressourcen gefördert oder gestärkt werden. Alle BeraterInnen sind in den wesentlichen Grundlagen klientenzentrierter Gesprächsführung geschult. Die Gespräche finden in den Schulpausen statt und sind dadurch zeitlich sehr begrenzt. Es können vertiefende Gespräche außerhalb der Schulzeit vereinbart werden. Zum Projekt gehört eine Internetseite mit weiterführenden Informationen.

Das hier beschriebene Beispiel wurde von der Leiterin Manuela Grötschel konzeptioniert, geplant und im Team abgestimmt. Für die Datenerhebung wurden von allen Mitarbeiterinnen selbst Daten erfasst und die Zielgruppe lieferte Daten.

Evaluationsgegenstand
Gegenstand der Untersuchung war die Qualität der Gespräche. Für die Datenerhebung wurden ausschließlich die Gespräche ausgewählt, die innerhalb des Beratungsbusses stattfanden. Diese Gespräche unterscheiden sich von anderen dadurch, dass SchülerIn und Fachkraft sich darüber verständigt haben, dass ein Gespräch voraussichtlich etwas länger dauern und persönlicher wird. Dadurch haben diese Gespräche ein Minimum an Verabredung/Planung und somit einen festeren Rahmen als die unzähligen kurzen Kontakte vor dem Bus. Alle Gespräche die außerhalb des Busses als ständige Kurzberatungen stattfanden, wurden nicht erfasst, weil keine sinnvolle Abgrenzung zwischen Alltagsgespräch, Beratung oder gezielter Informationsweitergabe möglich war.

Rahmenziel
Klärung und Sicherung der Beratungsqualität nach dem klientenzentrierten Ansatz.

Praxisziel
Wir sind sicher dass unsere Klienten sich im Gespräch wohl, verstanden und ernst genommen fühlen

Interventionen der Fachkräfte
Auf der Grundlage einer schriftlichen Vorlage der Leitung konkretisierte das Team den selbst gewählten klientenzentrierten Gesprächsansatz soweit, dass zu Beginn der Untersuchung für alle Beraterinnen verbindliche und messbare Kriterien bestanden um die Beratungsqualität der längeren Gespräche messen zu können. So konnten alle Beratungskräfte an gemeinsam festgelegten, beobachtbaren Kriterien überprüfen, ob und inwieweit sie den vereinbarten Gesprächsansatz realisieren.

Die Kriterien wurden für die Untersuchung in Einschätzskalen umgesetzt. Als Grundlage für die Einschätzskalen dienten zwei Qualitäts- und Definitionsmerkmale des klientenzentrierten Ansatzes: eigene Authentizität während des Gesprächs und eigene Empathie.

Für das weitere Merkmal „Selbstexploration" wurde als ein Indikator der eigene Redeanteil im Beratungsgespräch festgelegt. Die Selbsteinschätzung des eigenen Redeanteils soll sichern, dass die Beraterin nicht nur Tipps abgibt, sondern durch verstehendes Zuhören ein selbstexplorierendes Gespräch stattfindet.

Untersuchungsziel/Zentrale Fragestellungen

Es sollte durch Selbsteinschätzung und Befragung der Zielgruppe geklärt werden, inwieweit und in welchem Maß es dem Team gelingt, den selbst gewählten klientenzentrierten Beratungsansatz „authentisch und kompetent"[3] anzuwenden.

Vorgehen bei der Datenerhebung

Parallel wurden Daten durch Selbsteinschätzung der Mitarbeitenden erhoben und Daten durch die Zielgruppe erhoben.

Über vier Wochen erhob jede Beraterin, jeweils direkt nach einem „verabredeten" Gespräch im Bus mit Hilfe eines Kurzfragebogen, ihre Selbsteinschätzung zu den festgelegten Qualitätsmerkmalen.

Alle Kriterien wurden mit Skalen zur subjektiven Einschätzung abgefragt. Die Beraterinnen kreuzten auf der Skala von 1-10 an, inwieweit sie die drei Kriterien in jedem einzelnen Gespräch erfüllt hatten.

Parallel wurden die beratenen SchülerInnen gebeten zwei Fragen schriftlich und anonym zu beantworten (Urneneinwurf).

Hattest Du das Gefühl, dass Du im Gespräche ernst genommen wurdest?

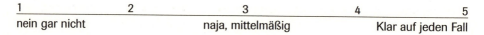

1	2	3	4	5
nein gar nicht		naja, mittelmäßig		Klar auf jeden Fall

Und, ähnlich aufgebaut: „ Hast Du das Gefühl, dass Du verstanden wurdest?"

Zu allen Kriterien des Fragebogens für die Beraterinnen als auch zu den beiden Fragen an die Klienten waren Erfolgsspannen festgelegt worden.

Darstellung der zentralen Ergebnisse

Es lagen 10 Bögen von Beraterinnen, 13 von Jugendlichen ausgefüllt vor. Der Unterschied ergibt sich daraus, dass an einem Gespräch auch mehrere SchülerInnen teilnehmen können. Die Beurteilung durch die Jugendlichen übertraf bei weitem die Erfolgsspanne. Die Eigeneinschätzung der Beraterin fiel gemessen an der Erfolgsspanne zufriedenstellend aus. Bei der Frage: Selbsteinschätzung „eigener Gesprächsanteil" wurde die Erfolgsspanne leicht unterschritten.

Interpretationen und Schlussfolgerungen

Das Team war mit seinen Ergebnissen zufrieden, da die Einschätzung der Schüler bezüglich „ich fühlte mich ernst genommen" und „ich fühlte mich verstanden" deutlich positiv war. Das schlechtere Abschneiden der Selbsteinschätzung bzgl. des eigenen Gesprächsanteils könnte eine Ursache darin haben, dass ein hoher Anteil sehr junger SchülerInnen die längeren Gespräche genutzt hat. Diese jüngeren SchülerInnen fragen gezielter nach Rat als die älteren, bei denen das explorierende Vorgehen der Berater wichtiger wird.

"Es zeigte sich in der Tendenz, dass der Ansatz tatsächlich größtenteils umgesetzt werden kann, bzw. dies so erlebt wird. Auch die Schwäche kristallisiert sich hier heraus und verlangt damit weitere Aufmerksamkeit."[4]

Zur Überraschung des Teams wurde deutlich, dass deutlich mehr längere Gespräche **vor** dem Bus statt **im** Bus geführt wurden als erwartet. Dadurch entsprachen sie nicht den Rahmenvorgaben für die Untersuchung und wurden nicht bewertet.

Praxisauswirkungen
Auch 8 Monate nach Abschluss der Untersuchung greift das Team bei der „Ausarbeitung der Konzeption auf das erarbeitete Material zurück und überprüft anhand der ausgewerteten Fragen und Kriterien den Beratungsansatz". Als zusätzliches, die Professionalität stärkendes Ergebnis wurde erzielt, dass allen beteiligten Beratungskräften (viele noch in Ausbildung befindliche Mitarbeiter!) bereits im Prozess der Klärung der Kriterien deutlich wurde, dass Vorstellungen von „Problem lösen" unter den gegebenen Rahmenbedingungen unrealistisch sind. „Zudem regten sie (die Ergebnisse) eine bewusstere Auseinandersetzung mit dem methodischen auf's Neue an und setzten Prioritäten... Wichtiger noch als die Ergebnisse selbst war für uns wohl der Prozess und die durchgeführten Interventionen, die dazu führten."[5]

Für die Weiterarbeit wünschte sich das Team bei einer Wiederholung der Untersuchung sowohl eine größere Anzahl ausgefüllter Fragebögen zu haben als auch als weiteres Merkmal das Alter der Jugendlichen zu erfassen

Anmerkung der Verfasserin:
Ich möchte an dieser Stelle die Gelegenheit nutzen auf einige Rahmenbedingungen hinzuweisen, die sicherstellen, dass Evaluation und Selbst&Evaluation gelingen können. Diese Rahmenbedingungen (siehe Checkliste) haben wir bereits sehr früh nach den ersten Erfahrungen formuliert und die Praxis in den Organisationen bestätigen ihre Richtigkeit

Die beiden Kriterien „Es ist grundsätzlich zulässig, dass das herausfordernde Praxisziel nicht (voll) erreicht wird (es besteht kein Erfolgszwang)" und „Mit der Evaluation und Dokumentation meines Handelns ist Anerkennung/wohlwollendes Interesse verbunden (von KollegInnen, GeldgeberInnen, TeilnehmerInnen …)" möchte ich an dieser Stelle herausgreifen. Je stärker Selbst&Evaluation selbstverständlich Teil der verbandlichen Qualitätsentwicklung sein soll, desto wichtiger ist es, für das Erlernen von Selbst&Evaluation Spielräume zwischen Fachkräften und Leitung abzusprechen, die das Einhalten obiger Kriterien sichern helfen. Ergebnisse von SE-Erprobungen, die unmittelbar der Verwertung im Alltag dienen müssen, können nicht immer den Ansprüchen genügen die beim zweiten und dritten Versuch erreicht werden können. Sofern Ergebnisse aus nicht gelungenen SE-Projekten zum beruflichen Nachteil der Beschäftigten führen, verhindern sie natürlich auch die Bereitschaft sich später noch mal auf Evaluation einzulassen.

Übersicht: Organisatorischer Ablauf

Entwurf des ersten Praxiszieles durch die Leiterin in der Fortbildung, (Leitung legt dem Team schriftliche Vorschläge vor wie der klientenzentrierte Ansatz konkretisiert werden könnte.)	Mai 1999
Klärung des Praxisziels im Team	Juni 99
Entwicklung der Instrumente mit Rückkopplung an die Seminarleitung	August 99
Durchführung der Befragung	Vier Wochen Okt/Nov 99
Auswertung im Team	Nov 99
Verfassen des Berichts durch die Leiterin	Nov /Dez 99
Abschlusspräsentation	Dezember 1999

Beispiel für ein Selbst⸱Evaluations-Vorhaben aus dem Bereich Verbesserung der Zusammenarbeit im Team bzgl. der Öffentlichkeitsarbeit

Rahmenbedingungen
Beschreibung der Maßnahme innerhalb der die Selbst⸱Evaluation durchgeführt wurde.

In dem Modellprojekt „Mobiles Informationszentrum für Schüler und Schülerinnen" (Info-Mobil der Essener Falken) arbeiteten zur Zeit der Fortbildung eine teilzeit-hauptamtliche pädagogische Kraft, drei 10-Std.-hauptamtliche Kräfte und mehrere Praktikanten als AnsprechpartnerInnen für Kinder und Jugendliche. Das Info-Mobil fährt überwiegend vormittags Schulhöfe an. Ziel ist den Schülern und Schülerinnen Informationen und Hilfen zu bieten zu Sport-, Urlaubs-, und Freizeitmöglichkeiten, Berufsplanung und Zivildienst, Sexualität, Verhütung und Schwangerschaft, Aids, Problemen mit Alkohol und anderen Drogen, Gewalt und Rassismus. Dies findet vor allem in Gesprächen statt und wird ergänzt durch gezielte Weitergabe von Broschüren. Darüber hinaus sollen auch Selbstorganisationsmöglichkeiten/-ressourcen gefördert oder gestärkt werden. Alle BeraterInnen sind in den wesentlichen Grundlagen klientenzentrierter Gesprächsführung geschult. Die Gespräche finden in den Schulpausen statt und sind dadurch zeitlich sehr begrenzt. Es können Gespräche außerhalb der Schulzeit vereinbart werden. Zum Projekt gehört eine Internetseite mit weiterführenden Informationen.

Dieses Beispiel wurde geplant und durchgeführt von einer der 10-Stundenkräfte als individuelle Selbst&Evaluation. Die Hauptaufgabe der 10-Stunden-Kraft war es, sich um die Öffentlichkeitsarbeit des Modellprojektes zu kümmern. Ansprüche an Integration ins Team, der Beteiligung an der Alltagsarbeit und der Beratung sind eher ungeklärt.

Die anderen Teamkolleg/Innen wurden im Rahmen der Datenerhebung befragt und in die Auswertung mit einbezogen.

Evaluationsgegenstand
Die Selbst&Evaluation konzentrierte sich in der Planung auf die Qualität der eigenen Arbeit in Bezug auf die Abstimmungsprozesse und Einbeziehung der anderen Teammitglieder in die Öffentlichkeitsarbeit. Im Verlauf des Projektes trat die Bewertung der eigenen Arbeitsprozesse in den Hinter- und die Bewertung der Zusammenarbeit zunehmend in den Vordergrund.

Rahmenziel
Verbesserung der eigenen Arbeitsprozesse bei der Öffentlichkeitsarbeit für das Team im Hinblick auf mehr gemeinschaftlich abgestimmtes Vorgehen.

Praxisziel
Nach Abschluss der Vorbereitungsphase und Beendigung der PR-Woche möchte ich erreicht haben, dass das Team den Prozess der Vorbereitung und Verlauf bei der Durchführung so einschätzt, dass sie zufrieden sind mit der Beteiligung, meinen Vor-/Zuarbeiten und sich mit dem Ergebnis identifizieren können.

Intervention der Fachkraft
Der zuständige Mitarbeiter für die Öffentlichkeitsarbeit plante den zeitlichen Ablauf des Projektes „PR-Woche". (Eine ganze Woche lang sollte über Radio-, Zeitungsinterviews, Ausstellung und Pressemitteilungen über die Arbeit des Projektes berichtet werden.) Die Planung enthielt mehrere Abstimmungstermine mit dem Team, bei denen je nach Stand des Projektes Vorlagen erörtert oder Entscheidungen zu treffen waren.

Untersuchungsziel/Zentrale Fragestellungen
Es sollte geklärt werden in welchem Maß eine auf hohe Beteiligung geplante Vorbereitung des Projektes zu mehr Zufriedenheit in der Zusammenarbeit, Identifikation mit den PR Ergebnissen und mehr Einbindung der Fachkraft ins Team beitragen kann.

Vorgehen bei der Datenerhebung

Nach Abschluss der Vorbereitungszeit und der PR Woche legte der Mitarbeiter seinen Teamkollegen einen Fragebogen vor, der mit 4-stufigen Abstimmungsskalen Antworten erfragte zu folgenden Themen (verkürzte Widergabe):

„Ergebnis hat mir gefallen, ich finde mich in der Art der Darstellung wieder, Zeitplanung während der PR Woche hat gut geklappt, optische Gestaltung der Materialien hat mir gefallen, ich war an der Entwicklung beteiligt". Für jede Frage legte er vorher ein Mindestergebnis fest.

Zusätzlich wurden fachlichen Ergebnisse, also Veröffentlichungen etc. erfasst und, wenn auch unsystematisch, die mündlichen Rückmeldungen von Teammitgliedern und befreundetem Umfeld über die Darstellung in der Presse.

Darstellung der zentralen Ergebnisse

Außer in der Frage der Bewertung der Optik erreichten die Ergebnisse keinen der selbst festgelegten Mindestwerte. Am Schlechtesten fiel das Ergebnis bei „Teilnahme an der Entwicklung" aus. Eine Unschärfe in der Formulierung einer Frage veränderte das Ergebnis zunächst deutlich. Die Abweichung ließ sich aber durch mündliche Hinweise eindeutig identifizieren und interpretieren und ist damit auch für die Auswertung brauchbar.

Im auffälligen Kontrast zu den erhobenen Daten dazu stand die, nicht systematisch erfasste, „Kritik von außerhalb, die weitaus besser ausgefallen ist als innerhalb des Teams"[6] (gemeint sind Rückmeldungen über fachliches Ergebnis der PR Arbeit).

Interpretationen und Schlussfolgerungen

Allgemein beurteilte die Fachkraft die Ergebnisse als „wichtig und interessant" und merkt an, „dass mehr passiert war als geplant und das endlich die eigene Arbeit in Zusammenhang mit ihren Auswirkungen sichtbar wurde"[7]. Zentrale Punkte der Interpretation und folgenden Diskussionen war die Schwachstelle der eigenen Planung und die unbefriedigende Anbindung an das Team.

Praxisauswirkungen

Das Ergebnis erforderte klärende Gespräche im Team und eine neue Standortbestimmung der Öffentlichkeitsarbeit.

Anmerkung der Verfasserin:
Aus der Retrospektive gesehen, zeigt sich, dass durch die Bearbeitung des ursprünglichen Ziels eins der unausgesprochenen Ziele hinter den Zielen „Mitarbeitende müssen in hohem Maß ins Team eingebunden sein" sichtbar wurde.

An diesem Beispiel wird eine Stärke von SE deutlich, nämlich der „Beitrag zu Transparenz und Sicherheit". Bei der Konkretisierung von Zielen tauchen in der Regel weitere „Ziele hinter den Zielen" auf, die ganz neue, andere Intentionen offenbaren. Fast jede Evaluation verlangt zunächst eine (erneute) Konzeptionsklärung, deren Mittelpunkt ein Zielfindungsprozess ist, der sich sowohl auf Pra-

ZUSAMMENFASSUNG

xisziele als auch auf Untersuchungsziele bezieht und oft schon als solcher ohne folgendes Selbst⸗Evaluations-Projekt Klarheit und Entlastung bringt.

Übersicht: Organisatorischer Ablauf

Entwürfe erster Praxisziele in der Fortbildung	Mai 1999
Klärung und Festlegung eines Praxisziels inkl. Entwürfe für Instrumente unter kollegialer Beratung	September 1999
Vorbereitung und Realisation der PR Woche	September bis Oktober
Datenerhebung durch Befragung der Kollegen und Kolleginnen	Oktober
eigene Auswertung mit Rückkopplung zur Leitung	November
Auswertung im Team	November
Abschlusspräsentation	Dezember

Die beschriebenen Beispiele illustrieren insbesondere, dass:
1. Selbst⸗Evaluation zukünftiges fachliches Handeln gedanklich vorweg nimmt und damit die Zielorientierung fördert.
2. sie ein praxisstützendes Instrument zur Beschreibung, Stabilisierung und Weiterentwicklung von Qualität in der sozialen Arbeit ist (weil sie Praxis & Bewertungen im Bereich sozialer und pädagogischer Arbeit nachvollziehbarer macht).
3. sie zur methodischen Qualifizierung von Fachkräften beiträgt.
4. dieser Ansatz derjenige ist, der in den Organisationshierarchien 'von unten' ansetzt und zur Nutzung der Ressourcen bei Fachkräften (und Klienten) unverzichtbar ist.

Um über individuelle Vorhaben hinausgehende organisatorische Konsequenzen und verallgemeinerungsfähige Aussagen zu erhalten müßten zusätzliche, die Selbst⸗Evaluation begleitende Maßnahmen (Etablierung von Planungsgruppen, Rahmenvorgaben etc.) in der Organisation stattfinden.

Anmerkungen

1 Selbstevaluation in diesem Kontext basiert auf dem Konzept von Prof. M. Heiner/Dr. W. Beywl (Universitäten Tübingen/Köln)
2 Vgl. auch: Kühl, W./Müller-Reimann, K: Qualität durch Supervision und Evaluation. In: Kühl, W.: Qualitätsentwicklung durch Supervision. Münster 1999
3 Aus dem Selbst–Evaluations-Bericht von Manuela Grötschel, Info-Mobil der Essener Falken, Holsterhauserstr. 200, 45147 Essen
4 ebenfalls aus dem Bericht
5 ebenfalls aus dem Bericht
6 aus dem Bericht der Fachkraft
7 aus dem Bericht der Fachkraft

Checkliste: Wann sollte ich eine Selbst❦Evaluation durchführen?

Gehen Sie die folgende Liste durch und kreuzen Sie an, welche Aussagen „voll", „überwiegend" oder „kaum / nicht" zutreffen (siehe auch QS Heft 29)

Wenn Sie ein ■ ankreuzen, scheidet eine Selbst❦Evaluation aus.
Ähnliches gilt, wenn Sie zu häufig „trifft kaum / nicht zu" ankreuzen.

Zum Praxisbereich, der evaluiert werden soll:	trifft voll	trifft überwiegend	trifft kaum/ nicht zu
1. Es soll eine Tätigkeit evaluiert werden, die zu meinem professionellen beruflichen Handeln gehört, also zu meinem Auftrag, zu meiner Alltagsarbeit	☐	☐	■
2. Das Praxisvorhaben betrifft zentrale Ziele meiner Arbeit.	☐	☐	☐
3. Die evaluierte Tätigkeit wiederholt sich in meinem beruflichen Zusammenhang (es handelt sich nicht um eine einmalige Aktion).	☐	☐	☐
4. Es ist grundsätzlich zulässig, dass das herausfordernde Praxisziel nicht (voll) erreicht wird (es besteht kein Erfolgszwang).	☐	☐	■
5. In meinem Praxisbereich gibt es genügend Spielräume für Verbesserungen/Veränderungen, auf die meine Selbst❦Evaluation abzielt.	☐	☐	■
6. Ich fühle mich in diesem Arbeitsfeld/Tätigkeitsbereich genügend sicher, da ich schon länger darin tätig bin oder andere fachliche Erfahrungen übertragen kann.	☐	☐	☐
7. Der für Selbst❦Evaluation vorgesehene Bereich ist von subjektiv starkem Problemdruck, belastenden eigenen persönlichen Verwicklungen frei.	☐	☐	■
Folgendes betrifft stärker den Aspekt der Untersuchung in meiner Selbst❦Evaluation:			
8. Mit der Evaluation und Dokumentation meines Handelns ist Anerkennung/wohlwollendes Interesse verbunden (von KollegInnen, GeldgeberInnen, TeilnehmerInnen ...).	☐	☐	☐
9. Es gehen mir Chancen verloren, wenn ich die Selbst❦Evaluation unterlasse.	☐	☐	☐

10. Bei aller Belastung habe ich Ressourcen für die Selbst&Evaluation z.B. Zeit, persönliche Stütze durch KollegInnen/Vorgesetzte, (minimale) Ausstattung.	☐	☐	■
11. Ich weiß, wo und wie ich erforderliche fachliche Beratung/ Unterstützung für die Selbst&Evaluation bekommen kann.	☐	☐	☐
12. Ich kann mir ein realistisches Bild davon machen, was ich nach Abschluss meiner Selbst&Evaluation anders tun werde als vorher.	☐	☐	■
13. Die Selbst&Evaluation mache ich zu einem großen Teil auch für mich selbst (es ist nicht so, dass mich ausschließlich andere dazu drängen).	☐	☐	☐
14. Ich kann anderen (Kollegen, Vorgesetzten ...) gegenüber offenlegen, dass ich diese Selbst&Evaluation durchführe (ich bin nicht gezwungen, es geheimzuhalten)	☐	☐	■
Weitere Kriterien, die ich für wichtig halte:			
15.	☐	☐	☐
16.	☐	☐	☐

Wenn Sie diesen Bogen zur Auswahl zwischen mehreren grundsätzlich möglichen Vorhaben nutzen wollen, vergleichen Sie einfach die Anzahl der voll zutreffenden Antworten.

Die Streetbasketball-Tour NRW
Martin Wonik

1. Das Projekt Streetbasketball-Tour NRW

Anfang der neunziger Jahre schwappte der Trend „Streetball" von den Vereinigten Staaten nach Europa über. Der neue Trend wurde zuerst von den großen Sportartikelfirmen aufgegriffen, die Streetball-Events in den großen Städten durchführten. Diese Veranstaltungen hatten einen rein kommerziellen Charakter. Die Veranstalter waren vor allen Dingen daran interessiert, das zugehörige Equipment an die Kinder und Jugendlichen zu verkaufen.

Ende des Jahres 1993 wurde in Nordrhein-Westfalen die Idee geboren, den Trend aufzunehmen und im Rahmen einer Event-Kette quer durch Nordrhein-Westfalen eine neuartige jugend- und sportpolitische Maßnahme zu entwickeln.

Es wurde eine Veranstaltergemeinschaft gegründet, die sich aus folgenden Institutionen zusammensetzte:
- Westdeutscher Basketballverband;
- Sportjugend NRW;
- AOK Rheinland und Westfalen-Lippe;
- Sportministerium NRW;
- Jugendministerium NRW.

Die Veranstaltergemeinschaft entwickelte das Konzept für die NRW-Streetbasketball-Tour, das in den Jahren 1994 bis 2000 nur geringfügig modifiziert wurde.

Dieses Konzept beinhaltet folgende Grundideen und Strukturelemente:
- Die Tour ist keine kommerzielle Veranstaltung (kein Verkauf, keine Werbung);
- Die Tour durchläuft in einem Zeitraum von 3 Wochen 15 bis 18 Städte in NRW;
- Die Differenzierung nach Altersklassen und Geschlecht soll alle Kinder und Jugendlichen ab 10 Jahren zur Teilnahme motivieren;
- Der Teilnehmerbetrag ist so günstig (DM 5,–), dass er niemanden ausschließt;
- Die teilnehmenden Mannschaften erhalten attraktive Preise;
- Die Tour endet mit einer Abschlussveranstaltung, zu der alle Siegermannschaften eingeladen werden;
- Die kommunalen Veranstalter erhalten kostenlos eine stationäre Basketballanlage, wenn am Veranstaltungsort zusätzlich noch eine weitere Anlage eigenfinanziert wird.

Das Hauptziel der NRW-Streetbasketball-Tour lautet:

Kinder und Jugendliche ab 10 Jahren sollen unabhängig von ihrer Nationalität, ihrem Alter, ihrem Geschlecht und ihrem sozialen Milieu durch ihre Teilnahme dazu motiviert werden, einen Teil ihrer Freizeit mit Bewegung, Spiel und Sport zu verbringen und sich bei Interesse einem Sportverein anzuschließen.

2. Die projektbegleitende Arbeitsgruppe

Die Veranstaltergemeinschaft hat schon in der Konzeptionsphase der Tour eine Arbeitsgruppe installiert, in der jeweils ein Mitarbeiter aus den beteiligten Organisationen vertreten war.

Diese projektbegleitende Arbeitsgruppe hat seit Herbst 1993 mit geringen personellen Veränderungen alle sieben NRW-Streetbasketball-Touren vorbereitet, durchgeführt, begleitet und ausgewertet.

Die Ergebnisse der Auswertung haben alljährlich zu einer Überprüfung und notwendigen Modifizierungen geführt.

Die Arbeitsgruppe hat darüber hinaus die Befugnis, über eine Beendigung des Projektes „NRW-Streetbasketball-Tour" zu entscheiden.

3. Der organisatorische und zeitliche Ablauf der Untersuchung, zentrale Fragestellungen

Die Veranstaltergemeinschaft hat schon vor Beginn der ersten Tour im Jahre 1994 sicher gestellt, dass Daten zur Beantwortung der zentralen Fragestellungen erhoben werden konnten.

So müssen alle Teilnehmer/innen einer Mannschaft eine Anmeldekarte ausfüllen, auf der die Namen, das Alter, das Geschlecht und die Spielkategorie (z. B. Jungen bis 14 Jahre) aller Spieler erfasst werden.

Diese Anmeldekarte wird am Turniertag vom Organisationskomitee überprüft und bildet die Grundvoraussetzung für die Teilnahme.

Im Jahre 1994 wurden die Daten während der 16 Tourveranstaltungen mit Hilfe von Strichlisten erhoben. Bei der Auswertung unmittelbar nach Ende der Tour 1994 wurden zwei zentrale Problembereiche deutlich:
– ohne Vorlage von Ausweisen waren die Altersangaben nicht kontrollierbar;
– die örtlichen Organisationskomitees fühlten sich mit der Datenerhebung überfordert, da sie am Turniertag vielfältige andere Aufgaben erledigen müssen.

Für die Tour 1995 wurde daher von der projektbegleitenden Arbeitsgruppe festgelegt, dass die Vorlage eines Ausweises für die Teilnahme an einer Tourveranstaltung verbindlich ist.

Neben der Überprüfung der korrekten Altersangaben konnten auf diese Weise zusätzlich Daten über die Nationalität der Teilnehmer/innen erhoben werden. Des Weiteren gab die Arbeitsgruppe ein Softwareprogramm in Auftrag, mit dem neben der Erfassung aller Spielerdaten gleichzeitig Spielpläne für die jeweiligen Altersklassen entwickelt werden konnten (in Abhängigkeit von der Zahl der teilnehmenden Mannschaften). Mit Hilfe dieser Software konnten die Probleme des Jahres 1994 gelöst werden.

Die Datenerhebung fand ausschließlich während der Tour statt, die Auswertung der Daten konnte unmittelbar nach Ende der letzten Veranstaltung des Jahres erfolgen.

Welche Informationen waren für die Veranstaltergemeinschaft von besonderem Interesse?

Die zentralen Fragestellungen orientierten sich selbstverständlich am Hauptziel der Streetbasketball-Tour:
1. In welchem Umfang gelingt es, Kinder und Jugendliche ab 10 Jahren für die Teilnahme an der Tour zu gewinnen?
2. In welchem Umfang wird das Angebot von Mädchen/jungen Frauen bzw. Jungen/jungen Männern angenommen?
3. In welchem Umfang lassen sich Kinder und Jugendliche mit Migrationshintergrund ansprechen?
4. In welchem Umfang gelingt es, bisher nicht im Sportverein organisierte Kinder und Jugendliche für eine Teilnahme zu gewinnen?
5. Ermöglichen die vorgegebenen Altersklassen einen fairen und gerechten Wettbewerb während der Turniere?

Die Daten zur Beantwortung der Fragen 1. und 2. konnten mit Hilfe des Computerpogamms detailliert erhoben werden.

Die Beantwortung der Frage 3 wurde durch die Kontrolle der Ausweise möglich. Die Spieler/innen werden zusätzlich beim Erscheinen am Turniertag befragt.

Auch zur Beantwortung der Frage 4. wurden Daten durch Befragung und Auswertung von Spielerpässen erhoben. Die Spieler/innen wurden gebeten, Spielerpässe aus dem Verein mitzubringen und wurden beim Einchecken am Turniertag befragt.

Zur Beantwortung der Frage 5. wurden ausschließlich Einschätzungen der kommunalen und des zentralen Organisationsteams herangezogen.

4. Darstellung der zentralen Ergebnisse

Die NRW-Streetbasketball-Tour hat sich als großer Erfolg erwiesen. Die Resonanz war trotz der Konkurrenz durch Veranstaltungen mit kommerziellen Charakter sehr hoch.

Das Jahr 1996 stellt ein absolutes Highlight dar!

Tabelle 1
Zahl der teilnehmenden Spieler/innen und Mannschaften in den Jahren 1994-1999

Jahr	Spieler/innen	Mannschaften	Zahl der Turniere
1994	5.664	1.416	16
1995	6.628	1.657	18
1996	7.200	1.800	18
1997	6.252	1.563	15
1998	4.716	1.179	15
1999	4.184	1.046	16
Gesamt	34.644	8.661	98

In den Jahren 1994 bis 1999 konnten bei 6 Touren 98 Einzelturniere durchgeführt werden, an denen 8.661 Mannschaften mit insgesamt 34.644 Spieler/innen teilnahmen.

Tabelle 2
Die prozentuale Verteilung der Teilnehmer/innen an den NRW-Streetbasketball-Touren 1995-1999 nach Alter und Geschlecht

Kategorie	1995	1996	1997	1998	1999	Ø
Jungen bis 14 J.	27	15	15	13	12	16,4
Jungen bis 16 J.	24	26	27	22	19	23,6
Jungen bis 18/19 J.	17	22	25	20	18	20,4
Jungen über 18/19 J.	10	14	14	21	21	15,2
Summe	**78**	**77**	**81**	**76**	**70**	**76,4**
Mädchen bis 14 J.	4	2	1	3	3	2,6
Mädchen bis 17 J.	6	5	4	4	6	5,0
Mädchen über 17 J.	3	2	3	4	6	3,6
Summe	**13**	**9**	**8**	**11**	**15**	**11,2**
Mixed über 12 J.	1	8	6	7	9	6,2
Mixed ab 16 J.	5	5	5	6	6	5,4
Summe	**6**	**13**	**11**	**13**	**15**	**11,6**

Die Tabelle 2 verdeutlicht die stark unterschiedliche Akzeptanz des Angebotes bei Mädchen und Jungen.

Die Jungen aus reinen Jungenmannschaften stellten insgesamt 76,4 % der Gesamtteilnehmer, der Anteil der Mädchen aus reinen Mädchenteams kam in keinem Spieljahr über 15 %.

Die Veranstaltergemeinschaft hat mehrfach versucht, den Mädchenanteil bei der Tour wesentlich zu erhöhen. Das ist in keinem Jahr gelungen.

Die NRW-Streetbasketball-Tour ist vom Charakter her als „Jungenveranstaltung" zu bezeichnen. Bei den Jungen ist es gelungen, in allen Altersgruppen ab 10 Jahren Teilnehmer zu gewinnen. Die prozentuale Abnahme in der Kategorie „Jungen bis 14 Jahre" deutet darauf hin, dass der Trend „Streetbasketball" bei den Kindern seinen Reiz schon wieder an andere Trendsportarten verloren hat.

Der Anteil der Kinder und Jugendlichen mit Migrationshintergrund lag in allen Tourjahren beständig bei 20 bis 25 %. Dieser Anteil war für die Veranstaltergemeinschaft durchweg zufriedenstellend. Besonders erfreulich war die Tatsache, dass viele Mannschaften eine Mischung aus Jugendlichen mit und ohne Migrationshintergrund repräsentierten.

Die Zahl der Teilnehmer/innen aus Sportvereinen betrug in den Tourjahren 1994 bis 1997 ca. 30 %, in den Jahren 1998 bis 1999 stieg sie auf 40 % an. Leider lässt sich aufgrund der vorliegenden Daten nicht nachvollziehen, ob die Erhöhung der Sportvereinsmitglieder auf eine Teilnahme an der NRW-Tour zurückzuführen ist. Die Veranstaltergemeinschaft kann jedoch mit großer Zufriedenheit feststellen, dass mit der Tour alljährlich 60 bis 70 % nicht vereinsgebundene Kinder und Jugendliche erreicht werden konnten.

Die angebotenen Altersklassen haben sich zur Durchführung eines fairen Wettbewerbs bewährt. In den Turnierjahren 1994 bis 1999 kam es lediglich zu vier Veränderungen, wovon drei bereits nach der Auftakttour vorgenommen wurden.

Aufgrund der geringen Teilnahme von Mädchen und jungen Frauen wurde
– die Kategorie „Mädchen bis 16 Jahre" auf „bis 17 Jahre" erweitert;
– die Kategorie „Mädchen bis 19 Jahre" und „Mädchen über 19 Jahre" abgeschafft und durch die Kategorie „Mädchen über 17 Jahre" ersetzt;
– In den Altersklassen der Jungen fand 1998 eine Veränderung dergestalt statt, dass die Kategorie „bis 19 Jahre" auf „bis 18 Jahre" verkürzt wurde.

5. Interpretation und Schlussfolgerungen

Die Maßnahmenform „NRW-Streetbasketball-Tour" konnte in den Jahren 1994 bis 1999 fast alle Aspekte des Hauptziels zur Zufriedenheit erfüllen.

Alljährlich konnten mindestens 4000 Kinder und Jugendliche aller Altersstufen für eine Teilnahme begeistert werden. Dabei ist es in einem hohen Maße gelungen, Kinder und Jugendliche anzusprechen, die nicht vereinsgebunden sind und/oder einen Migrationshintergrund haben.

Dass es sich im Kern um eine „Jungentour" handelte, konnte durch Initiativen der Organisatoren nicht verändert werden.

Im Jugendverband „Sportjugend NRW" wird aus diesem Grund seit etwa einem Jahr an einem Konzept für eine „Mädchentour" gearbeitet. Die konzeptionellen Überlegungen gehen davon aus, dass die Organisation der Einzelevents nicht auf öffentlichen Plätzen stattfinden sollte.

Zudem fällt es zur Zeit noch schwer, die Trendsportart ausfindig zu machen, für die sich Mädchen aller Altersklassen in einem großen Umfang begeistern lassen.

Teil 3

Wirksamkeitsdialog in NRW
- Erfahrungen, Perspektiven, Risiken -

Das nachfolgend wiedergegebene Gespräch fand am 23.6.2000 in den Räumen des Landesjugendamtes Rheinland in Köln statt. Es war durch folgende Fragen vorbereitet, die Theo Schneid und Wolfgang Beywl vorab an die Teilnehmenden versandt hatten:
1. Was ist bisher geschehen? Was wäre heute anders, wenn das Jugendministerium 1999 den Wirksamkeitsdialog nicht initiiert hätte? Was können wir heute bei Jugendverbänden beobachten, was dort getan wird, stattfindet, was es vielleicht ohne Wirksamkeitsdialog nicht oder später oder anders gegeben hätte?
2. Nehmen wir an, in der kommenden Nacht würde eine Fee ihr Füllhorn über Nordrhein-Westfalen ausschütten und in diesem Füllhorn ist ganz viel Nerven- und Geistesnahrung für den Wirksamkeitsdialog: Über Nacht wirkt dies bei allen wichtigen Beteiligten, von der Jugendministerin bis hin zu den Ehrenamtlichen einer Jugendgruppe in Castrop – Was könnte man am nächsten Tag sehen, wie hatte sich das ausgewirkt, was hatte sich für die Jugendverbandsorganisationen, was für Einrichtungen und Gruppen, was für die Jugendlichen und Kinder verändert? Wie sähe das aus?
3. Wohin könnte der Wirksamkeitsdialog 'ausarten'? Welche Risiken sind damit verbunden? Was ist der schlechteste Fall? Könnte es so etwas wie Missbrauch des Wirkungsdialoges geben?

Das Gespräch ist nachfolgend im Ablauf so wiedergegeben, wie es stattgefunden hat. Die Abschrift ist grob in die drei Hauptteile Erfahrungen, Perspektiven und Risiken gegliedert.

1. Erfahrungen: Motor für Innovation?

Wolfgang Beywl: Thema dieses heutigen Gesprächs ist zunächst ein Stück Bestandsaufnahme zum Wirksamkeitsdialog in NRW. Welche konkreten Erfahrungen haben Sie in den letzten Jahren mit der Praxis des Wirksamkeitsdialogs gemacht?

Jörg Richard: Ich will die erste Frage, „Was ist bisher geschehen?", gemeinsam mit der Frage, „Was wäre wenn die Landesregierung den Wirksamkeitsdialog nicht initiiert hätte?" beantworten. Es ist wichtig, noch mal deutlich zu machen, dass die Initiative zum Wirksamkeitsdialog von der Landesregierung und vom Jugendministerium ausgegangen ist. Aber auch schon zu Beginn, als über diese

Jörg Richard

Initiative noch nachgedacht wurde, hat es eine enge Abstimmung mit den Trägern der Jugendarbeit und vor allem den Jugendverbänden gegeben. Es wurde zu Beginn relativ lange und auch kontrovers diskutiert, weil keiner der Beteiligten so genau wusste, was denn eigentlich mit Wirksamkeitsdialog gemeint ist. Alle drei Beteiligten, das Jugendministerium, die Landesjugendämter und die Jugendverbände mussten ihre Positionen und Rollen in diesem Prozess erst definieren. Wirksamkeitsdialog war ja auch ein völlig neuer Begriff. In dieser Phase hat zuerst sehr viel Vertrauensbildung stattfinden müssen. Die Grundeinstellung der Verbände lautete natürlich: „Wir orientieren uns an unseren Werten, an unseren Programmen, an unseren Idealen und richten an diesen letztendlich unsere Angebote und unsere Arbeit aus. Von der Landesregierung lassen wir uns nicht in unsere Zielformulierung „hineinpfuschen". Im Laufe des Prozesses hat sich jedoch immer stärker herauskristallisiert, dass dies nicht die Intention der Landesregierung ist. Gemeinsame Intention ist es vielmehr zu ergründen, wie denn die selbst gesteckten Ziele der Verbände realisiert werden und wo es Optimierungsbedarf und Abstimmungsbedarf gibt. Wir haben mittlerweile erreicht, dass wir uns über dieses Grundprinzip nicht mehr strittig auseinander setzen müssen. Es war unter dem Gesichtspunkt der Vertrauensbildung gut, dass wir uns die relativ lange Vorphase gegönnt haben, um diese Fragen zu klären.

„Was wäre anders, wenn es die Initiative zum Wirksamkeitsdialog nicht gegeben hätte?". Ich glaube, dass sie jugendpolitisch insgesamt in NRW eine wichtige Rolle gespielt hat und noch spielen wird. Sie hat nämlich hinein gewirkt in andere Politikbereiche. Sie hat auch den Finanz- und Haushaltspolitikern deutlich gemacht, dass es eine selbstkritische Reflexion innerhalb der Jugendarbeit und innerhalb der freien Träger gibt. Dies insbesondere hat dazu beigetragen, dass das Politikfeld Jugendarbeit gestärkt wurde – schon vor den ersten Ergebnissen des Wirksamkeitsdialoges sichtbar gestärkt wurde. Ich gehe davon aus, dass auch im Endergebnis, besser gesagt Zwischenergebnis, da der Wirksamkeitsdialog ja als permanenter Prozess angelegt ist, die Jugendarbeit in NRW durch den Wirksamkeitsdialog konzeptionell und finanziell stabilisiert und gestärkt wird.

Klaus Schäfer

Klaus Schäfer: Die Einführung des Wirksamkeitsdialogs ist ja nach einer längeren Vorlaufdiskussion vorgenommen worden, die vor allem von der Frage bestimmt war, was passiert eigentlich mit den Landesmitteln; wie werden sie tatsächlich eingesetzt und was bewirkt ihr Einsatz? Die Beantwortung dieser Fragen war längst überfällig, aber die Bereitschaft der Träger war eher zurückhaltend. Mit zunehmender Knappheit der öffentlichen Haushalte ging auch seitens der Politik ein wachsender Verlust an Zuversicht in die Qualität der Arbeit der Jugendverbände bzw. in ihre Innovationsfähigkeit und ihre Breitenwirkung einher. In dieser Ausgangslage gab es im Prinzip nur zwei Möglichkeiten: Entweder wurden die Fragen intensiv und auch hartnäckiger gestellt und auf ihre Beantwortung gedrungen oder aber man ging den Weg des geringsten Widerstandes und ließ weiter alles laufen.

Die Entscheidung konnte eigentlich gar keine andere sein, als die erste Möglichkeit zu wählen, diese aber nicht rein quantitativ anzulegen, sondern sich vorrangig auf die fachlichen Prozesse innerhalb der Jugendverbände und anderer Bereiche der Jugendarbeit zu konzentrieren. Dabei sollte und soll es vor allem auf die Prüfung der durch die Träger selbst gesteckten Ziele und Aufgaben ankommen. Aber natürlich dürfen rein quantitative Daten nicht außen vor bleiben. Wir haben deshalb eine Kombination gewählt. Sie umfasst den Wirksamkeitsdialog einerseits und eine Aufbereitung von Daten und Fakten, die eine plausible Auskunft darüber geben, dass mit dem Geld auch tatsächlich Endverbraucher, also Kinder und Jugendliche, erreicht werden. Und hinzu kommt, dass die Verbände selbst versuchen zu reflektieren, ob das, was sie gegenüber der Landesregierung an Aufgaben und Zielvorstellungen abgeben, auch eingelöst wird.

Die ganz entscheidende Plattform dafür ist die Dialogform: Das macht den Charakter des Wirksamkeitsdialogs aus und deshalb führt auch nicht die Landesregierung den Wirksamkeitsdialog durch, sondern die Landesjugendämter und hier auch nicht die zuwendungsgebende Stelle, sondern die Fachberater. Es wird also nicht vom Jugendministerium gesagt, was und wie etwas erhoben werden soll. Es geht um einen Dialog im echten Sinn, in dem sich alle beteiligten Partner einbringen und ernsthaft und offen die Beratungen führen. Das erfordert – und hier greife ich das, was Jörg Richard gesagt hat, auf – ein gewisses Maß an Zutrauen und Vertrauen allen Partnern gegenüber.

Damit ist aber gleichzeitig ein ganz wichtiger zweiter Effekt erzielt. Es gibt offensichtlich innerhalb der Verbände Akzeptanzprobleme, was den Wirksamkeitsdialog angeht. Die Landesebene der Verbände hat unterschiedliche Strukturen und Kompetenzen in der Durchsetzung dessen, was in dem Wirksamkeitsdialog angesprochen wird. Denn richtig ist natürlich, es ist auch ein Selbstvergewisserungsprozess, der eine gewisse Öffnung der Verbände impliziert. Damit ist zugleich auch eine verbandsbezogene Verantwortung gegenüber der Landesregierung aufgehoben. Alle Verbände sind gleichzeitig gefragt, was sie an fachlichen Kompetenzen haben und wie sie diese umsetzen. Ich gebe zu, das erfordert viel Souveränität und es gibt auch immer wieder kontroverse Diskussionen. Sicher auch deshalb, weil der Verband als Ganzes sehr heterogen zusammengesetzt ist und sich natürlich auch ganz gegensätzliche Interessen ergeben.

Ich halte die gemeinsame Verantwortung für den eigentlich wichtigen Punkt, weil damit eine gewisse Schieflage in der Diskussion der letzten Jahre aufgehoben worden ist, als wenn der eine das Geld zu geben und der andere das Geld auszugeben hat und Kriterien nicht mehr erkennbar sind, wonach das Geld ausgegeben wird. Auch ist inzwischen die Einsicht gewachsen, dass die Landesregierung auch die Funktion haben muss, danach zu fragen, wie sich denn die einzelnen Entwicklungsprozesse darstellen. Aber man muss auch sehen, und das sage ich in Richtung derjenigen, die immer noch Probleme mit der Akzeptanz haben: In einer Zeit des Controllings kann auch auf eine Reflexion in der Jugendarbeit nicht verzichtet, sondern sie muss sogar offensiv betrieben werden. Denn hätten wir den Wirksamkeitsdialog nicht eingeführt, dann wäre er von der Jugendarbeit in einer anderen Form verlangt worden. Schon deshalb, aber auch aus fachlicher Sicht, gibt es zum Wirksamkeitsdialog keine Alternative.

Christoph Gilles: Aus meiner Sicht will ich versuchen, die Frage auf drei Ebenen zu beantworten. Erstens die Ebene des Dialoges selbst. Der Beginn dieses Dialoges war nach meiner Wahrnehmung als Moderator sehr zäh, mit hohem Widerstand vieler Verbände, die ja auch zum ersten Mal das Landesjugendamt als eine fachliche moderierende Stelle erlebten und nicht wie bisher als Amt, wo ich die Verwendungsnachweise hinbringe und Schwierigkeiten habe, mit diesen Zuwendungsbescheiden und Rückforderungen. Dafür haben wir einige Zeit gebraucht. Allerdings haben einige wichtige Verbände sehr schnell erkannt, dass hier, wie Herr Schäfer es eben darstellte, kein Weg am Wirksamkeitsdialog vorbeigeht und dies nicht mehr im Grundsatz zu diskutieren ist.

Unter der Fragestellung „Was bisher geschah?" hat sich dieser Dialog gefunden und positiv entwickelt. Wir haben viele Sitzungen gebraucht, um uns überhaupt über Themen und über Zugänge, über die Formen klar zu werden. Vieles war für mich neu. Ich kenne die Verbandsebene nur als teilnehmendes Kind und Jugendlicher in verschiedenen Verbänden und aus Fortbildungen, aber nicht als Funktionär oder als Hauptamtlicher. Es war neu für mich, wie viele Ängste mit diesem Wirksamkeitsdialog verbunden waren und welche Blockade- und Rückzugsstrategien sich daraus ergaben. Wir haben heute den Punkt erreicht, wo wir arbeitsfähig sind; wir haben im Konsens verabschiedet wie wir den Dialog durch-

Christoph Gilles

führen. Die Instrumente, die wir entwickelt haben, kommen jetzt zur Anwendung. Wir machen jetzt den entscheidenden Schritt vom Vordenken, vom Ausräumen von Problemen und Entwickeln zur Umsetzung in der alltäglichen Praxis der Verbände. Die spannende Phase kommt dann, wenn die ersten Ergebnisse vorliegen. Die zweite Ebene bezieht sich darauf, was in den Verbänden durch den Wirksamkeitsdialog ausgelöst worden ist. Wie gesagt, ich hatte vorher wenig Einblick in das Verbandsgeschehen und ich nehme jetzt wahr, dass in den Verbänden eine Qualitätsdebatte losgetreten worden ist. Es wird vermehrt darüber diskutiert, was für Ziele der Verband eigentlich hat und ob diese Ziele auch die richtigen sind und ob die Handlungsformen und Aktivitäten diesen Zielen entsprechen. Diese Zieldebatten sind übrigens ein Phänomen aller Wirksamkeitsdialoge in NRW, also der Offenen Jugendarbeit, der Jugendsozialarbeit und der Jugendkulturarbeit.

Es wird auch mehr darüber nachgedacht, wie denn die Schnittstelle zwischen den hauptamtlichen Mitarbeitern, die wir ja hier im Grunde über den Dialog erst mal erreichen, und den Kindern und Jugendlichen effektiv gestaltet werden kann. Mir ist deutlich geworden, dass die Verbände eine gute Ausstattung mit hauptamtlichem Personal haben. Die Bildungsreferenten müssen sich jedoch umstellen. Es ist Teil ihrer Aufgabe, diese Qualitätsdebatte vorzubereiten, in den Verband zu transportieren und die qualifizierte Anwendung der Instrumente zu gewährleisten. Dies bedeutet, die Ehrenamtlichen zu informieren und zu sensibilisieren, fit zu machen. Dieser Prozess kommt gerade erst in Gang, dies ist bei zweihundertachtzig Bildungsreferenten auch sehr unterschiedlich. Ich erlebe da auf jeden Fall Bewegung.

Die letzte Ebene unter der Fragestellung „Was ist bisher geschehen?", die bezieht sich direkt auf das Landesjugendamt. Als Fachberatung Jugendarbeit waren wir vor Beginn des Dialoges meist mit der Offenen Jugendarbeit beschäftigt. Wir kommen jetzt unter fachlichen Gesichtspunkten wie Beratung und Begleitung auch an die Jugendverbandsszenerie heran. Das finde ich richtig und wichtig, weil sich in der praktischen Ausgestaltung von Jugendarbeit die harte Trennung zwischen Offener Arbeit und Verband so nicht mehr eindeutig aufrecht erhalten lässt. Die Übergangsfelder, die weichen Formen von gruppenorientierter Offenen Arbeit und offener Jugendverbandsarbeit lassen sich vermehrt finden. Dies ist für die Fachberatung Jugendarbeit eine neue fachliche Herausforderung geworden, die durch den Wirksamkeitsdialog wesentlich ausgelöst wurde.

Klaus Schäfer: Einen wichtigen Punkt will ich noch ergänzen, der mir in den letzten Monaten, seitdem der Wirksamkeitsdialog angelaufen ist, wichtig ist. Es darf kein Dialog sein, der allein von den hauptamtlichen Fachkräften geprägt ist. In der Binnenstruktur der Verbände wird entscheidend sein, wie es gelingt, die ehrenamtlich Verantwortlichen und Mitwirkenden einzubeziehen, ohne sie zu überfordern. Deswegen würde ich immer auch dazu neigen, die Hauptamtlichen im Kern nur als Vermittler zu betrachten. Das ist aber ein Prozess, den muss der Landesjugendring steuern. Den kann weder das Landesjugendamt noch das Jugendministerium steuern. In erster Linie wird das auch eine Frage der Kompetenzen sein, die die hauptamtlichen Fachkräfte haben. Sie müssen sicher sensibilisiert werden. Das kann allerdings nur überverbandlich angegangen werden.

Jörg Richard: Ich muss Christoph Gilles zumindest teilweise, bei seinem Verständnis, welche Funktion Hauptamtlichen in Jugendverbänden in diesem Prozess zukommt, widersprechen. Wenn der Wirksamkeitsdialog darauf abzielt, Zieldebatten und Konzeptionsdebatten innerhalb von Organisationen anzustoßen, und ich denke, dass die Jugendverbände, wie viele andere Bereiche der Jugendarbeit auch, diese Ziel- und Konzeptionsdebatten nötig haben, dann ist es zwingend notwendig, dass sich die Verbandsstrukturen und die ehrenamtlichen Führungsstrukturen der Verbände mit dieser Frage auseinander setzen. Denn nur dann gibt es die Möglichkeit auch tatsächlich das, was man in Zieldiskussionen vereinbart in den Verbandsalltag zu transportieren und dann auch tatsächlich in Angebote für Kinder und Jugendliche umzusetzen. In diesem Kontext haben die Hauptamtlichen in den Verbänden eine im Wesentlichen dienende, qualifizierende Funktion. Die Entscheidungsträger in den Verbänden sind und bleiben die ehrenamtlichen Leitungsgremien. Wir müssen des Weiteren noch mal unterscheiden zwischen den Strukturen der Selbstorganisation, also den Vorständen und Gremien der Verbände, und den ehrenamtlichen Helfern und Gruppenleitern, die mit Auswirkungen des Wirksamkeitsdialoges, beispielsweise bei der Erhebung von Daten, konfrontiert werden. Denn, das ist von Christoph Gilles richtig gesagt worden, es gibt in den Jugendverbänden in absoluter Zahl viele Jugendbildungsreferenten. Aber sicherlich mehr als 95% der Jugenderholungsmaßnahmen, der Angebote der politischen Bildung, der Gruppenangebote werden von Ehrenamtlichen durchgeführt. Der Wirksamkeitsdialog muss so strukturiert sein, dass er von diesen zu bewältigen ist, sofern sie mit Datenerhebung und Evaluation konfrontiert sind. Dies ist ein ganz wesentlicher Faktor und wird auch der Knackpunkt im Prozess des Wirksamkeitsdialogs sein. Denn wenn sich Ehrenamtliche, jüngere wie ältere, überfordert sehen, weil sie plötzlich ihr Handeln stärker reflektieren sollen, ihre Arbeit verschriftlichen müssen, mehr Zeit investieren dürfen [müssen?], dann könnten viele die Brocken hinschmeißen. Es sei denn es gelingt uns erstens deutlich zu machen, welchen Nutzen diese „Mehrarbeit" für den einzelnen Ehrenamtlichen auch haben kann. Zweitens dürfen nur die Methoden und Instrumente der Evaluation und Datenerfassung vorgegeben werden, die mit einem vertretbaren Maß an Arbeits- und Zeitaufwand angewandt werden können.

Christoph Gilles: Dem widerspreche ich überhaupt nicht. Ich sehe die Rolle der Hauptamtlichkeit in der Anwendung der Instrumente, d.h. die Durchführung der quantitativen und qualitativen Erhebungen, z. B. Evaluationsprojekte zum Thema Beteiligung von Kindern in der Ferienfreizeit. Es darf nicht sein, dass die Hauptamtlichen in den Verbänden solche von Ehrenamtlichen ausgefüllten Bögen einfach weiterschicken. Hier ist genau die Stelle, wo ich Hauptamtlichkeit in der Verpflichtung sehe, diese Instrumente einzuführen und fachlich zu begleiten. Das heißt jetzt nicht, dass damit die ehrenamtlichen Strukturen ersetzt werden, sondern, dass die Hauptamtlichen in eine dienende Funktion gehen, sowohl für die ehrenamtliche Vorstandsebene, als auch für die ehrenamtliche praktische Handlungsebene direkt mit den Kindern und Jugendlichen. Die Verbände, in denen die Hauptamtlichen diese Aufgaben innerhalb des Wirksamkeitsdialoges nicht übernommen haben, werden im weiteren Prozess des Wirksamkeitsdialoges große Probleme bekommen.

Jörg Richard: Ja, aber es gibt zwei Möglichkeiten der Gefahr des Scheitern entgegen zu wirken, beide müssen wahrscheinlich parallel genutzt werden. Zum einen und hier ist der Landesjugendring mit seinem Fortbildungsangebot für Hauptamtliche ja bereits tätig geworden, bedarf es vielfältiger Qualifzierungsangebote für die hauptamtlichen Mitarbeiter, die den Wirksamkeitsdialog in den Verbänden begleiten. Zum anderen muss aber auch in die Vorstände, in die Leitungsebene der Verbände hinein die Notwendigkeit des Prozesses Wirksamkeitsdialog und seine jugendpolitischen Chancen weiter und intensiver vermittelt werden. Denn die Entscheidung, mit welcher Intensität und Effektivität und mit welcher Strategie ein Verband sich am Wirksamkeitsdialog beteiligt und wie er vor allem die Ergebnisse des Wirksamkeitsdialoges dann in den Strukturen des Verbandes umsetzt, ist letztendlich die Entscheidung der ehrenamtlichen Vorstände. Dieses Prinzip der Selbstorganisation und Selbstbestimmung ist ein so wesentliches Strukturmerkmal der Jugendverbandsarbeit, auch im Vergleich zu anderen Handlungsfeldern, wie zum Beispiel der offenen Jugendarbeit, die ja wesentlich stärker professionalisiert ist, dass dies an dieser Stelle keinesfalls aufgegeben werden kann.

Wolfgang Beywl: Sie haben bereits erste Risiken angesprochen, z.B. mit der Fragestellung: „Sind die Ehrenamtlichen sowohl auf der Entscheidungsebene (z.B. Vorstandsmitglieder) als auch auf der Handlungsebene (z.B. GruppenleiterInnen) durch den Wirksamkeitsdialog überfordert?" Dies sollten wir später noch einmal aufgreifen.

Zum Thema Erfahrungen mit dem Wirksamkeitsdialog möchte ich Ihre Aussagen wie folgt zusammenfassen:

Erstens: Anfänglich überwogen Widerstände oder Ängste, je nachdem. Inzwischen wurde in vielen Verbänden eine Sensibilisierung und Aktivierung der Führungs- und Leitungspersonen bezüglich der Wirksamkeit und Qualität der Jugendförderung ausgelöst. Ich selbst stelle fest, dass mehr und mehr Verbände

Wolfgang Beywl

eigenständig Prozesse einleiten, um die mit dem Wirksamkeitsdialog aufgeworfenen Fragen im eigenen Interesse zu verfolgen. Hätte diese starke Aktivierung sonst später stattgefunden auch unter anderem Vorzeichen? Was wäre passiert, wenn statt des offen angelegten Wirksamkeitsdialoges landesseitig ein engeres Instrument eingeführt worden wäre?

Die große Offenheit ist dem Landesministerium ja bisweilen auch vorgeworfen worden. Es gab auch die Haltung: „Sagt uns genau, was wir zur Erfüllung des Wirksamkeitsdialoges tun sollen." Dies läuft zwar dem Grundverständnis autonom ausgestalteter Jugendverbandsarbeit entgegen, die ihre Ziele und auch ihre Qualitätsmaßstäbe selbst bestimmt. Aber eine fixierte Antwort des Landes hätte die „Verwirrtheit" gemindert, die nach meinen begrenzten Einsichten gerade an der Basis häufiger ausgeprägt war.

Aber ist dies denn so schlimm oder muss eine 'mittlere Verwirrtheit' nicht gerade vorhanden sein, damit sich etwas bewegt? Wenn Unsicherheit zu groß ist, dann gibt es Blockaden, wenn sie zu klein ist, gibt es zu wenig Anreize, Risiken einzugehen wirklich etwas zu verändern. Eine Phase der auch verunsichernden Orientierungssuche ist aus meiner Sicht eine notwendige Begleiterscheinung jedes in gewisser Hinsicht auch grundlegenden Veränderungsprozesses.

Zweitens klang die These an, schon jetzt habe – ausgelöst oder zumindest unterstützt durch den Wirksamkeitsdialog – eine Stabilisierung der Jugendförderung des Landes stattgefunden. Es lohnt sich vielleicht, diesen Punkt zu konkretisieren.

Klaus Schäfer: Ich will noch einen Punkt zur angeblichen Verwirrung, die entstanden sein soll, sagen. Meiner Einschätzung nach, lag die Verwirrung auf anderen Ebenen. Irritiert war man darüber, dass der Staat keine Vorgaben gemacht hat, wo man ja oder nein dazu sagen konnte. In der Regel natürlich nein. Dass man ganz plötzlich Teil dieses Prozesses und zwar aktiver Teil war, das hat die Verwirrung ausgemacht und das halte ich für wichtig. Bisher waren es die Verbände gewohnt, nach Vorgaben zu handeln, manchmal Ausnahmen zu beantragen oder gemeinsam eine bestimmte Anwendung auszuhandeln. Bei der Frage aber, wie denn nun der Wirksamkeitsdialog gestaltet werden sollte, hat das Ministerium sich geweigert, Vorgaben einzubringen. Es hat lediglich gesagt, wir müssen ihn gemeinsam gestalten. Dass man damit jetzt umzugehen lernt, halte ich für einen wichtigen Fortschritt im partnerschaftlichen Verhältnis. Denn es ist ja richtig, wenn man jugendpolitische Verantwortung trägt, wenn auch mit unterschiedlichen Akzenten und Standorten, dann müssen sich die Träger auch auf einen Prozess gemeinsamer Verantwortung einlassen. Das war in der Vergangenheit nicht so der Fall. Insoweit kommt natürlich auch eine neue Rolle auf die Träger zu.

Es ist sicher verständlich, wenn von Seiten der Träger dann auch darauf hingewiesen wird, dass die Reform zu einer Planungssicherheit und Kontinuität führen muss. Es ist ganz eindeutig, dass der Landesjugendplan seit Beginn der Reformdebatte, vor sechs Jahren, finanziell ausgeweitet wurde. Aber selbst wenn man jetzt herkommt und sagt, na ja, er ist ausgeweitet worden in Bereichen, in denen nicht originäre Jugendverbandsarbeit gemacht wird. Das mag sein, aber das war auch Absicht. Aber er blieb stabil in einer Zeit, in der andere Politikbereiche Probleme haben. Und insoweit liegt darin schon ein erster Schritt, was das Ziel der Reform betrifft. Da ist der Wirksamkeitsdialog nur ein Instrument, denn man darf ihn nicht isoliert betrachten, sondern er muss als Teil eines Gesamtprozesses gesehen werden. Ich denke auch, dass die Diskussionen in den örtlichen Jugendhilfeausschüssen über die Jugendförderung und ihre Notwendigkeit in den letzten drei Jahren an Intensität zugenommen haben. Vielleicht führt das ja auch zu einer erheblichen Belebung.

Jörg Richard: Wir müssen natürlich abwarten, bis zum ersten Mal konkrete Konsequenzen aus den Ergebnissen dieses Wirksamkeitsdialoges zu ziehen sind. Dieser Punkt ist ja noch lange nicht erreicht und das Verfahren noch nicht verabredet. Hilfreich für den Start des Dialogprozesses ist sicherlich gewesen, dass mit der Erprobungsphase des neuen Landesjugendplanes für drei Jahre relative Fördersicherheit für die Verbände gegeben war. Die Befürchtung der Verbände, es könne im Wirksamkeitsdialog zu kurzfristigen Reaktionen in Bezug auf die Fördersystematik und die Förderhöhe kommen, wurde so zumindest relativiert. Nicht außer Acht lassen darf man, dass es innerhalb des Prozesses Wirksamkeitsdialog auch einen Binnenkonflikt zwischen den Verbänden gibt. Der Landesjugendring tritt zwar jugendpolitisch als Vertreter der Interessen aller Verbände in Nordrhein-Westfalen auf, intern diskutieren die Verbände jedoch oft heftig darüber, wer wie viele Anteile an welchen Förderprogrammen und welche Strukturförderung erhält. Auch das ist ein Problem gewesen, welches es zu überwinden galt. Wenn jeder Verband nur sorgsam die anderen Verbände beobachtet und versucht aus dem „Abschneiden im Wirksamkeitsdialog" Vorteile für die Binnenverteilung der Fördermittel zu erzielen ist der Dialog zum Scheitern verurteilt. Denn unter dieser Voraussetzung kämen keine soliden und ehrlichen Daten und Evaluationen auf den Tisch. Von daher haben die Gremien des Landesjugendringes beschlossen, dass den Wirksamkeitsdialog mit den beiden Partnern Ministerium und Landesjugendamt, nicht die einzelnen Verbände, sondern der Landesjugendring in Gänze führt. Auch nach außen wollen wir mit Daten und Ergebnissen auftreten, die das gesamte Spektrum der Jugendverbandsarbeit darstellen und nicht den spezifischen Blick auf einzelne Verbände zulassen. Den spezifischen Blick auf einzelne Handlungsfelder, auf einzelne Arbeitsansätze, ja auch auf einzelne Regionen, sicherlich aber nicht auf einzelne Verbände. Wenn Klaus Schäfer die Stärkung der Jugendhilfeausschüsse in den Kommunen anspricht, dann kann ich diesen Eindruck teilen. Es haben in den letzten Monaten und Jahren dort sicherlich mehr jugendpolitische Debatten stattgefunden als vor der Initiierung des Wirksamkeitsdialoges. Was wir jedoch kritisch beobachten ist, dass zur Zeit einige kommunale Verwaltungen anfangen, Wirksamkeitsdialog, zugeschnitten auf ihre Bedürfnisse, auf die Kommune zu übertragen. Und da ist dann von Dialog oft nicht mehr die Rede. Stattdessen werden unabgestimmte Controllingverfahren angewandt, wird Wirksamkeitsdialog mit neuer Steuerung vermengt, werden so Begründungszusammenhänge für Mittelkürzungen konstruiert. Dies gilt natürlich nicht für alle Kommunen, da aber Jugendverbandsarbeit ein sensibles Geflecht aus kommunaler und Landesebene, auch bei den Verbänden, ist, wirken schon einzelne Ausreißer ausgesprochen kontraproduktiv. Denn die vor Ort Tätigen ziehen aus ihrer konkreten Erfahrung, die sie in ihrer Kommune machen, natürlich auch Rückschlüsse auf das, was auf Landesebene passiert. Ich denke, es ist eine vorrangige Aufgabe der Landesjugendämter, die ja kommunal verfasst sind in Nordrhein-Westfalen, die Konzeption des Wirksamkeitsdialoges in die kommunale Jugendpolitik zu vermitteln, damit es dort nicht zu „Auswüchsen" kommt, die letztendlich dem Gesamtverfahren nur schaden.

Christoph Gilles: Der Begriff „Wirksamkeitsdialog" war sehr gut und klug gewählt. Er war vollkommen neu und es hat ja lange gedauert, bis sich die verschiedenen Beteiligten überhaupt an die richtige Sprechweise gewöhnen konnten. Darin steckt natürlich ein Prozess der Verwirrung, den Herr Schäfer eben dargestellt hat. Darin steckt aber auch die Chance – und das ist für mich eine wichtige Erkenntnis –, wie ein Begriff einen ganzen Prozess besetzen, in Gang bringen und gestalten kann. „Wirksamkeit" war ein sehr selten gebrauchter Begriff in der ganzen Qualitätsdebatte. In der Verbindung mit „Dialog" kam er gar nicht vor. Ich bin überzeugt, dass allein diese neue Begrifflichkeit den Dialog wesentlich befördert hat. Mit alten, inhaltlich besetzten Begriffen wäre das viel schwerer, wenn nicht unmöglich geworden. Die Verwirrung war dann einfach konstruktiv.

2. Perspektiven: Stärkung durch Transparenz?

Wolfgang Beywl: Ich schlage vor jetzt zu klären, wo der Prozess des Wirksamkeitsdialoges optimal hinführen kann? Was ist die langfristige Perspektive, die dahinter steht? Wie kann die Landschaft der Jugendförderung in fünf Jahren aussehen?

Ich möchte die Frage zuspitzen: Der Landesjugendplan wie auch der Bundesjugendplan sind öffentliche Förder- und Finanzierungsinstrumente für die Jugendhilfe, die Jugendarbeit, die Jugendverbandsarbeit. Nicht wenige Stimmen meinen, es wäre vielleicht besser, wenn solche Fördermaßnahmen insgesamt wesentlich stärker marktgesteuert wären. Wenn wir uns das im internationalen Vergleich ansehen, stellen wir fest, dass sich Deutschland doch eine beachtliche staatliche Förderung des Jugendbereiches leistet. Kontrastiert man dies z.B. mit den USA oder auch Großbritannien, wird man feststellen, dass solche Finanzierungen dort viel stärker über Spenden, Sponsoring, Privatmittel bestritten werden. Der Zeitgeist sagt: Marktfinanziert ist besser. Dann werden gezielt die effektivsten und effizientesten Maßnahmen gefördert. Die Legitimation dessen, was denn effektiv und effizient ist, steht in einem privaten Fördersystem weniger in Frage: Ob jetzt Bill Gates oder Herr Santana, die ja beide große Jugendstiftungen haben: Beide entscheiden selbst oder lassen es durch von Ihnen berufene Stiftungsräte entscheiden, wem sie wie viel Geld geben und wem nicht. Der Staat muss seine Entscheidungen immer wieder legitimieren und setzt sich dadurch Konflikten aus.

Eine privatisierte Jugendförderung verläuft sicher friedlicher und mit weniger Streit. Macht ein Wirkungsdialog denn auch einen klärenden Beitrag dazu, was die Besonderheiten, die Vorteile, auch einer geraden öffentlichen Förderung von Jugendarbeit, Jugendverbandsarbeit, Jugendsozialarbeit sind? Oder ist er im Gegenteil ein Wegbereiter für stärkere Privatisierung/Entstaatlichung von Jugendförderung? Was wäre denn wohl morgen die neue Wirklichkeit der Jugendhilfe /-arbeit, wäre der Wirksamkeitsdialog mit all seinen Früchten plötzlich über Nacht umgesetzt?

Christoph Gilles: Ich glaube, dass die Frage nicht ganz richtig ist, weil die Zielsetzungen des Wirksamkeitsdialoges nicht über Nacht umgesetzt sein können. Ich habe aber eine Vision, wo es hingehen könnte. Mit der Vision verbinde ich die Hoffnung, dass die Struktur des Landesjugendringes und die dazugehörigen Strukturen der Mitgliedsverbände sich über diesen Prozess beweglicher gestalten werden. Die Herausforderung, sich über Qualität, d.h. über Ziele und die Wirkungen dieser Ziele, zu unterhalten, bringt zwangsläufig bewegliche Organisationsformen und beweglichere Strukturen mit sich. Also das bedeutet im Endeffekt und das ist die Vision, dass die Verteilung der Mittel entsprechend der Wirklichkeit in den Verbänden stattfindet. Ich glaube, dass der aktuelle Verteilungsschlüssel nicht mehr der Wirklichkeit entspricht.

Eine zweite Version sagt, dass diese neue Struktur so viel Transparenz mit sich bringt, dass die Versuchung mit den Mitteln unsauber umzugehen, „Schmuh" zu machen, nicht mehr da ist.

Meine letzte Vision bezieht sich auf die Hauptamtlichkeit. Ich erhoffe mir von den Hauptamtlichen, dass sie im Rahmen des Dialoges ein Instrumentarium entwickeln, das es ermöglicht, als Verband spontan auf die Anliegen, Aktionen, Provokationen und Projekte von Kindern und Jugendlichen reagieren zu können. Das können auch mal „jecke" Sachen sein, also Dinge, die aus der Norm fallen. Wenn die Verbandsstruktur sich so geöffnet hat, so beweglich und transparent ist, dann wäre sie ganz schnell in der Lage, die Bewegungen, die sich in der Mitgliederschaft abspielen, sofort aufzugreifen.

Jörg Richard: Ich glaube, einer der wesentlichen Vorteile des nordrhein-westfälischen oder auch deutschen Fördersystems im Vergleich zum anglo-amerikanischen ist, dass es eher den Blick auf Qualität und Nachhaltigkeit als auf Sensation und Effekthascherei richtet. Mit der Struktur der Jugendhilfe in Deutschland, dem zweigliedrigen Jugendamt, der Beteiligung der freien Träger im Jugendhilfeausschuss ist auch die Demokratisierung der Jugendhilfe insgesamt verbunden. Den Verbänden und Teilnehmern Partizipations- und Beteiligungsmöglichkeiten zu offerieren ist ein wesentliches Qualitätsmerkmal unserer Jugendhilfestruktur. Dies setzt staatliche, politisch gewollte und öffentlich legitimierte Förderung der Jugendarbeit voraus. Um dieses System aufrecht zu erhalten, müssen wir, und hier schließe ich an Christoph Gilles an, weg kommen von einer eher quantitativ hin zu einer auch und vor allem qualitativ orientierten Legitimation. Dass der Zuschussgeber auch Zahlen und Daten darüber erfahren will, wie viele Kinder und Jugendliche erreicht werden ist unumstritten. Darüber hinaus aber müssen wir dringend die qualitative Dimension unserer Arbeit darstellen. Und wenn ich mir wünschen soll, welches positive Endergebnis oder Zwischenergebnis der Wirksamkeitsdialog erbringt, dann wünsche ich mir, dass es so gut wie keine Maßnahme, kein Angebot in Jugendverbänden mehr ohne eine spezifische Konzeption gibt. Es gibt keine Freizeit, keinen Aktionstag, kein Seminar mehr, bei dem die Teilnehmer nicht über Ziele und Konzeptionen mitentscheiden konnten, denn ein erstes Ergebnis des Wirksamkeitsdialoges in meinem Verband ist, dass verschriftlichte Konzeptionen insbesondere zu Partizipation kaum vorhanden sind. Weiter wünsche ich mir, dass auf der Basis der Überprüfung der erreichten Ziele in den Verbänden spannende und kontroverse Diskussionen entstehen. Dass über Zielgruppen diskutiert wird, dass Beteiligungsstrukturen weiterentwickelt werden, dass Prioritäten in Frage gestellt und gegebenenfalls neu gesetzt werden. Neue Methoden zur Ansprache junger Menschen müssen entwickelt werden, aber auch die gesellschaftlichen Rahmenbedingungen für die Arbeit, das ist ein ganz wichtiger Punkt, müssen kritisch reflektiert werden. Und ich wünsche mir, dass diese Debatten auch das tatsächliche Handeln der Verbände und die Struktur der Angebote beeinflussen. Wenn das passiert, bin ich mir sicher, dass die Jugendverbandsarbeit und die Jugendarbeit in Nordrhein-Westfalen insgesamt als ein spannendes und unverzichtbares politisches Handlungsfeld wahrgenommen wird und es möglicherweise einen Ministerpräsidenten oder Finanzminister geben wird, der sich für die rechtliche Absicherung der Förderung dieser Arbeit einsetzt. Wir haben in den vergangenen Jahren über ein 3. Ausführungsgesetz zum KJHG in Nordrhein-Westfalen lange genug diskutiert und sind ja bekanntermaßen damit aus den unterschiedlichsten Gründen gescheitert. Auf dieser neuen qualitativ orientierten Basis kann ich mir einen neuen Versuch zur verbindlichen Finanzierung der Jugendarbeit in NRW gut vorstellen.

Klaus Schäfer: Die Frage, ob sich Deutschland ein solches Fördersystem leisten soll oder leisten wird, wie es in Großbritannien oder in USA der Fall ist, wird nicht nur durch den Wirksamkeitsdialog entstehen, das ist eine grundsätzlich gesellschaftspolitische und staatspolitische Frage. Aus heutiger Sicht gehe ich nicht davon aus, dass dies möglich wäre. Im Übrigen muss man zu dem Fördersystem der USA sagen, dass viele Verbände sich viel lieber von den großen Firmen sponsern lassen, denn die Finanzierung ist viel verbindlicher und langfristiger angelegt, als die staatliche Förderung. Im Übrigen zeigen die bisherigen Erfahrungen mit dem Social-Sponsoring, dass es nicht gelungen ist, ein verlässliches System zu entwickeln. Es sind immer nur sporadische auf ein einzelnes Projekt bezogene Förderungen. Keinesfalls können diese aber eine Infrastruktur wie die Jugendverbandsarbeit sichern. Ich glaube auch nicht, dass dies in Zukunft funktionieren kann. Insoweit bin ich da ganz zuversichtlich, dass diese Fragen, ob staatliche Förderung erforderlich ist oder nicht, nicht durch den Wirksamkeitsdialog beeinflusst wird.

Der Wirksamkeitsdialog wird aber eine geeignete Grundlage sein, darüber zu reflektieren, welche Akzente der Förderpolitik auch tatsächlich erreicht werden. Und da müssen sich die Verbände fragen, ob sie bereit sind, in den Dialog auch eine Transparenz einzubringen, die die Prozesse erkennbar macht. Damit können Skeptiker überzeugt werden. Denn es wird auch unterstellt, dass das Geld nicht richtig angelegt ist und dass auch die Verbände ein sehr starres System sind, in dem sich nichts bewegt. Um dagegen zu halten, muss man den Gegenbeweis antreten. Behauptungen helfen da wenig. Und dies muss der Wirksamkeitsdialog erreichen. Und dazu gehört, aus meiner Sicht, dass die Verbände sich über einen Veränderungsbedarf selber im Klaren sein müssen, der muss gar nicht von uns gesetzt werden. Wie der dann aussieht, sollte das Jugendministerium nicht vorgeben, sondern Ergebnisse gewichten und bewerten.

Das Ergebnis kann dann sein, dass wir tatsächlich da hinkommen und sagen, wir finanzieren die Verbände unterschiedlich, nämlich nach ihren tatsächlichen Schwerpunkten. Natürlich in globaler Form. Der Verband muss dann mit diesem Geld versuchen, seine notwendigen fachlichen Akzente im Rahmen der Schwerpunkte zu setzen. Das ging bisher nicht und auch nach der Reform geht dies nur zum Teil. Weil der Großteil der Mittel sozusagen gebunden ist. Ich würde mehr Freiheit hinsichtlich der Verwendung der Mittel nicht für ausgeschlossen halten. Aber das setzt voraus, dass innerhalb der Verbände auch die Beweglichkeit geschaffen werden kann, damit die Mittel auch nach den Bedürfnissen der jungen Menschen verausgabt und flexibel verwendet werden. Das aber setzt voraus, dass ein intensiver Diskussionsprozess darüber in Gang kommt, wie sich die Verbände auch selbstkritisch betrachten und Änderungen zulassen. Dies wiederum erfordert, mit einer Diskussionskultur zu Ende zu kommen, die einen offenen Prozess bisher nicht zugelassen hat.

Jörg Richard: Das setzt allerdings voraus, dass zum einen dieser selbstkritische Blick innerhalb der Verbände forciert wird. Zum anderen aber auch, dass sich das Verhalten von Zuwendungsgebern und da beziehe ich die Länder und Kommunen mal mit ein, verändert. Denn bisher droht ja immer dann, wenn ich eine Maßnahme ehrlich analysiere und auch ihre Schwächen, Fehler oder ihr Scheitern beschreibe, im Regelfall die Reduzierung der Förderung. Einen ähnlichen, modifizierten Projektantrag brauche ich im nächsten Jahr gar nicht erst zu stellen. Das muss sich verändern. Es muss im Gegenteil auch für den Zuschussgeber Qualitätsmerkmal werden, dass Experimente misslingen können. Denn gut evaluierte misslungene Experimente enthalten oftmals mehr Innovationspotential als das eingefahrene Standardangebot. Das heißt für die Träger: Mut haben Fehler zuzugeben, Entwicklungen zu beschreiben, die man so nicht vorausgesehen hat, die man aber korrigieren will und kann. Der Zuschussgeber muss seinen Teil beitragen durch die Bereitschaft zu einer relativ konstanten und über das Haushaltsjahr hinaus verlässlichen Förderung. Auf dieser Basis kann man dann die selbstkritische Diskussion, wie Klaus Schäfer sie eingefordert hat, beginnen.

Klaus Schäfer: Ja, also das haben wir ja auch immer gesagt, dass der Wirksamkeitsdialog zunächst erst mal nicht dazu dient, die Frage zu beantworten, wie wir als Fachministerium an mehr Flexibilität bei der Mittelverwendung kommen und selber Akzente setzen können. Sondern, es ist immer gesagt worden, dass das Experimentieren zum Alltag der Pädagogik gehört und ein Irrtum nicht gleich zur Reduzierung der Mittel führt. Versuch und Irrtum ist ein wichtiges Prinzip in der Alltagsarbeit. Aber man muss es auch konzeptionell nutzen. Ich glaube nicht, dass die Träger der Jugendarbeit den Stein der Weisen gefunden haben. Er ist immer wieder neu zu suchen.

Christoph Gilles: Wir haben eine stabile Förderung. Dies bringt ein Großmaß an Kontinuität und Stabilität mit sich. Dies ist ein wertvolles Gut. Darin steckt aber immer die Gefahr, dass damit verkrustete und unbewegliche Strukturen einher gehen. Wenn die Förderung unstetig und nur für 1-2 Jahre sicher ist, so wie ich es in Südafrika kennengelernt habe, erfordert dies von den Beteiligten ein Großmaß an Flexibilität und ein permanentes Sichbewegen und suchen auf dem Markt der Jugendarbeit wie der Finanzquellen. Wenn wir bei der Wunderfrage bleiben, können in diesem Spannungsfeld durch einen funktionierenden Dialog ganz wichtige Akzente gesetzt werden. Trotz stabiler und kontinuierlicher Förderung wird das bewegliche und innovative Element gefördert. Dazu gehört auch das notwendige Maß an Ehrlichkeit, wenn ein Verband mal den Schritt macht und sagt, bei uns sieht es aber in den und den Bereichen nicht gut aus. Wir haben aber eine Begründung dafür und wir haben Konsequenzen entwickelt, auf welchem Weg wir da raus kommen. Wenn Verbände einen solchen Schritt tun, wird es deutliche Nachzieheffekte geben. Wenn da einige vorpreschen, kommen die anderen einfach nach. Dieser „Wundereffekt" der Beweglichkeit, der wird noch einige Zeit brauchen. Aber der Prozess wird sich verstärken und sich fortsetzen.

Wolfgang Beywl: Wir haben bislang schwerpunktmäßig betrachtet, was in der Außendarstellung der Verbände mit/nach einem Wirkungsdialog mit optimalem Ergebnis passiert. Ich schlage vor den Blick jetzt ins Innenleben der Jugendverbände zu richten: Was würde da ausgelöst, wenn über Nacht mit dem Wirksamkeitsdialog ganz viel Nerven- und Geistesnahrung ausgestreut wäre?

Jörg Richard: Da kann ich mich fast nur wiederholen. Wenn innerhalb der Verbände Zieldebatten ausgelöst werden und konzeptionelle Debatten ausgelöst werden, die dann auch Konsequenzen nach sich ziehen, dann ist das schon die halbe Miete. Wenn ich mich als Verband aufgrund, wie Sie sagen, einer Fördersystematik, die mir das Geld eben per se sichert, nicht bewegen muss und mich mit meiner Klientel und meinen Zielen auseinander setzen muss, ist das negativ, gar keine Frage. Wenn ich von Projekt zu Projekt hoppen und dem Zeitgeist immer möglichst einen Schritt voraus sein muss, dann kann ich jedoch auch keine konzeptionelle Zieldiskussionen entwickeln. Nur wenn ich mich wirklich mit einer gewissen Ruhe und Gelassenheit fragen kann, was wollen denn die Kinder und Jugendlichen tatsächlich an Angeboten von mir als Verband haben und was kann ich denen geben, dann beginnt ein konstruktiver Prozess. Und auch Jugendverbände lernen durch Erfolg. Wenn Verbände feststellen, dass die Daten, die sie im Rahmen des Wirksamkeitsdialoges sammeln, wirklich nutzen können, um Angebote zu steuern, um sowohl bei Ehrenamtlichen als auch bei Kindern, bei Jugendlichen, bei beteiligten Eltern eine größere Zufriedenheit zu erzielen, um damit auch wieder eine größere Bereitschaft zum ehrenamtlichen Engagement zu erreichen, dann wird der Wirksamkeitsdialog ein Selbstläufer.

Klaus Schäfer: Ich will noch mal auf den Punkt der Stabilität und der Planungssicherheit kommen. Wenn wir nichts verändern, was die finanzielle Ausstattung angeht, dann werden die Verbände bis zum Jahre 2010, wenn ich richtig gerechnet habe, eine halbe Milliarde DM bekommen. D.h. alle Verbände wissen, mit wie viel Geld sie in den nächsten zehn Jahren operieren können. Das ist eine so große Summe, dass sie schon einer Legitimation bedarf. Die Kritik, die dahinter steht bzw. stehen könnte, ist: Wer heute schon weiß, dass er im Jahre 2010 genau das gleiche Geld erhält wie heute auch, warum sollte er sich eigentlich bemühen, sich zu verändern? Das ist die zentrale Frage, die einer Antwort bedarf. Und genau daran müssen wir arbeiten. Ich bin da ganz zuversichtlich, denn ich meine, dass Jugendarbeit in der Lage ist, lebensweltorientiert zu handeln und sich mit dem gesellschaftlichen Wandel auch zu verändern. Das macht im Übrigen auch den Kern der Planungssicherheit aus: in der Veränderung gestalten zu können.

Und hierzu gehört auch die Sicherung der strukturellen Grundlagen. Es wäre jugendpolitisch höchst zweifelhaft und abzulehnen, wenn sich das „Marktprinzip" als Gestaltungsinstrument öffentlicher Förderung durchsetzte. Aber die Träger müssen präziser und pointierter z.B. darstellen, warum sie das Strukturprinzip „Gruppenarbeit" brauchen; welche Vorteile und Chancen es bringt usw. Ich habe doch bei einigen Verbänden den Eindruck, dass man noch viele dicke Bretter bohren muss, um ein offeneres und offensiveres Verständnis über die neue Rolle im Kontext der Förderpolitik zu erreichen. Weil die Auffassung vieler Verbände immer noch die ist, der Staat hat zu zahlen und hat uns nicht zu fragen, was wir tun und machen wollen.

Jörg Richard: Das ist sicherlich richtig, nur ich würde den Haupthebel nicht bei der Finanzierung ansetzen. Wenn das der Haupthebel wäre, aber so ist es wahrscheinlich auch nicht gemeint, würden wir genau die Blockaden erzeugen, über die wir gerade diskutiert haben oder würden nur noch Erfolgsmeldungen produzieren. Wir würden dann nur noch diskutieren, dass von den fünfhundert Millionen der größere Anteil für Personalkosten gebunden ist und die Kolleginnen und Kollegen in den Verbänden natürlich die gleiche Garantie für ihren Arbeitsplatz und ihre Bezahlung verlangen wie ihre Kollegen im Ministerium und im Landesjugendamt. Wir müssen vielmehr transportiert bekommen, dass der Wirksamkeitsdialog und die Flexibilität des neuen Landesjugendplanes durch kritische Reflexion die Qualität der eigenen Arbeit hebt. Ich stimme zu, dass über diese Anforderung bei dem einen Verband länger und bei dem anderen Verband kürzer diskutiert werden wird. Wir haben aber mittlerweile erreicht, dass es keinen Verband mehr gibt, der sich diesem Prozess komplett verweigert. Man geht mit unterschiedlichen Geschwindigkeiten, weil man unterschiedlich groß und unterschiedlich strukturiert ist, aber man geht ja mittlerweile an allen Stellen in die gleiche, richtige Richtung.

3. Risiken: Überforderung und Konkurrenz

Wolfgang Beywl: Wir kommen nun zu den Risiken. Ich habe mir zwei notiert, die bereits genannt worden sind. Das war einmal das Risiko, dass Ehrenamtliche weitgehend ausgeschlossen würden von der aktiven Beteiligung und Gestaltung des Wirksamkeitsdialogs. Das Gleiche gälte ja auch für Jugendliche als Teilnehmer von Maßnahmen. Zum zweiten gibt es die Befürchtung, dass sich kommunale Verwaltungen abkoppeln, indem sie geschlossene Qualitätssicherungssysteme vorschreiben, die dann nicht mehr zugänglich sind für einen Aushandlungsprozess. Was sehen Sie als weitere Risiken?

Klaus Schäfer: Das erste Risiko, was Sie genannt haben, hatte ich zumindest von mir aus anders gemeint. Ich habe es als strukturelles Risiko bezeichnet, das bei den Verbänden der Wirksamkeitsdialog nicht allein durch die Hauptamtlichen bestimmt wird. Das ist ein ganz wichtiger Punkt. Dabei geht es gar nicht um Abgrenzung oder Ausgrenzung von Ehrenamtlichen, sondern darum, dass wir den Wirksamkeitsdialog nicht so gestalten dürfen, dass der Ehrenamtliche überfordert und er nur für hauptamtliche Fachkräfte fassbar wäre. Wenn die Jugendverbände durch das Prinzip der Selbstorganisation geprägt sind, dann muss sich dies auch im Wirksamkeitsdialog widerspiegeln. Hauptamtliche sind Transportriemen. Sie müssen erläutern, sie müssen vermitteln, sie müssen Transparenz schaffen. Das ist ein wichtiger Punkt. Denn es berührt auch die Verantwortung als Verband und die tragen die hierfür gewählten ehrenamtlichen Funktionsträger.

Aber, richtig ist, es gibt ein Risiko. Und da teile ich die Auffassung von Jörg Richard nicht. Das Risiko des Wirksamkeitsdialogs liegt darin, dass wir es nicht zulassen werden, auf einer globalen Landesjugendringebene lediglich die Summe aller Aktivitäten der Mitgliedsverbände in ihrer Wirksamkeit transportiert zu bekommen, sondern es wird zu verbandsspezifischen Differenzierungen kommen. Das ist der ganz zentrale Punkt. Es ist eben nicht für uns alleine wichtig zu sagen, die im Landesjugendring zusammengeschlossenen Verbände sind die Ebene. Es ist von größtem Interesse, wie die Wirksamkeit bei den einzelnen Verbänden aussieht. Man darf den Wirksamkeitsdialog nicht so abstrakt machen, dass am Ende nur allgemein Feststellungen über „die" Verbände herauskommen, die dann auch nicht aussagefähig sind. Denn es gibt Differenzierungen zwischen den Verbänden und diese Differenzierungen werden eine Rolle spielen müssen. Die Frage ist, wie gehen wir partnerschaftlich damit um?

Christoph Gilles: Die Richtlinien besagen, dass der Dialog zwischen dem Landesjugendring, dem Landesjugendamt und dem Ministerium geführt wird. Wir haben im Dialog für dieses Jahr eine Vereinbarung getroffen, dass es Daten auf der Ebene des Landesjugendringes sind, die gesammelt werden und die die Basis für die Debatte darstellen. Ich kann Ihre Einlassung gut verstehen, die würde mich auch brennend interessieren. Also, da steckt nun wirklich ein Risiko drin. Wenn jetzt neue Anforderungen vom Ministerium in den Prozess eingebracht werden, wird das unweigerlich zu großen Konflikten führen. Das wird auch die Ängste noch einmal ganz neu berühren und neue Widerstände produzieren. Wir haben jetzt eine Runde im Dialog fast abgeschlossen, die Auswertung steht an. Und wenn jetzt in der Auswertung neue Aspekte zum Tragen kommen, z.B. der Vergleich zwischen einzelnen Verbänden, dann fängt eine neue Runde an, dann muss wieder neu ausgehandelt werden und neue Entscheidungen müssen getroffen werden. Eine Herausforderung übrigens für die Moderation.

Klaus Schäfer: Es geht doch nicht darum, die Verbände auseinander zu dividieren. Vielmehr geht es darum, sich ein Bild darüber zu machen, wie die Entwicklungen in den Binnenstrukturen sind. Ich kann mir überhaupt nicht vorstellen, dass nur auf den Landesjugendring bezogene Daten ein wirkliches Bild wiedergeben. Denn die Ziele und Aufgaben, die sich die einzelnen Verbände stellen, haben doch auch erheblichen Einfluss z.B. auf die Zielgruppen etc. Ich glaube, dass auch innerhalb des Landesjugendringes die Verbände den Prozess nicht durchhalten werden, dass sie sich sozusagen als Landesjugendring widergespiegelt sehen. Hier habe ich große Zweifel. Aber ich will da jetzt überhaupt nichts beschwören, es geht ja um die Frage, wo könnten Risiken liegen.

Jörg Richard: Zum einen haben wir uns nach relativ langer Diskussion dazu entschieden, den Dialog nicht als einzelne Jugendverbände, sondern in der Gesamtheit des Landesjugendrings zu führen. Von daher sehe ich die Verbände, die ausbrechen, weil sie den Eindruck haben, sie kämen alleine besser zurecht und sie würden so finanzielle Vorteile erzielen, mittelfristig und wahrscheinlich auch langfristig nicht. Bestimmte Mechanismen der Solidarität zwischen den Verbänden funktionieren hier noch. Was heißt es denn genau, wenn wir sagen, wir führen den Dialog nach außen mit den Daten, die wir erheben als Landesjugendring. Die ersten Ergebnispräsentationen werden deutlich machen, dass wir keine nebulösen Daten liefern, die keine Rückschlüsse mehr auf spezifische Entwicklungen in bestimmten Handlungsbereichen zulassen. Man wird auch sicherlich Rückschlüsse ziehen können, welcher Verband sich in welchem Feld besonders intensiv und mit welchen Konzeptionen bewegt. Wir werden natürlich keine so anonymen Daten liefern, dass sie der jugendpolitischen Debatte nicht genügen. Den Anspruch der Politik nach Konsequenzen aus Datenmaterial und Wirksamkeitsdialog erfüllen wir als Landesjugendring und als Verbände, indem wir uns innerhalb des Landesjugendrings damit beschäftigen, welche Veränderungen wir in autonomer Entscheidung treffen. Diese Diskussion aber will ich innerhalb der selbst gewählten Struktur der Jugendverbände, dem Landesjugendring, führen und nicht zwischen dem Verband X oder dem Verband Y auf der einen Seite und der Landesregierung und dem Parlament auf der anderen. Ich gehe davon aus, dass der Landesjugendring und dass die Verbände die Kraft haben, diese Diskussion und entsprechende Entscheidungen auch zu realisieren. Sollte sich herausstellen, dass dies nicht funktioniert, mag das von Klaus Schäfer angesprochene Risiko auf uns warten. An diesem Punkt sind die Jugendverbände jedoch längst noch nicht.

Christoph Gilles: Wenn es jetzt neue Kräfte gibt, die zu neuen Debatten führen, z. B. durch direkte Anfragen an das Ministerium, durch einzelne starke Zuordnungen von Verbänden zu Parteien, zu starken Menschen innerhalb der Politik, wie findet sich das im Dialog wieder? Oder wird der Dialog nachher woanders geführt? Es ist ganz wichtig zu unterscheiden, was ist Thema des Wirksamkeitsdialoges und was sind andere Debatten, die woanders stattfinden müssen. Der Dialog muss die zentrale Plattform bleiben, es müssen Verabredungen getroffen werden, die verbindlich sind. Wenn sich neue Kräfteverhältnisse bilden und der Dialog nachher ein leeres Gremium wird, wo sich alle fragen, warum gehen wir überhaupt noch hier hin, wir können das doch direkt da und da lösen, ist das Gesamtprojekt Wirksamkeitsdialog gescheitert. Also, was gehört in den Dialog und was nicht? Wenn etwas in den Dialog hineingehört, muss es auch da gemeinsam dialogisch geklärt werden.

Klaus Schäfer: Ich will das noch mal ein bisschen differenzierter sagen, weil ich glaube, das ist ein ziemlich wichtiger Punkt. In dem Moment, wo ein Verband von gewisser potenter Bedeutung innerhalb seines Verbandes keine Ruhe über den Wirksamkeitsdialog herein bekommt und das, was in dieser Runde verabredet wird, nicht akzeptiert wird, dann führt das zu Problemen. Und das hat natürlich auch Auswirkungen auf die Qualität des Dialogs. Dieses Problem wird sich auch auf der Landesjugendringebene stellen. Das bleibt ja nicht geheim, sondern das ist ja ein öffentlicher Prozess. In dem Moment, wo ein solcher Verband zurückhaltend mit der Weitergabe von Daten reagiert, wird dies zu einer Aufforderung an die anderen Mitgliedsverbände des Landesjugendrings ihrerseits, auch eine gewisse Vorsicht an den Tag zu legen. Insoweit könnte ein solches Risiko im Landesjugendring selbst entstehen.

Im Übrigen will ich erwähnen, dass es durchaus die Diskussion gibt, ob der Landesjugendring überhaupt Adressat der Daten sein kann. Das ist ein Thema, welches offensichtlich noch nicht ausgestanden ist. Insoweit muss man sehr genau hinschauen, sind alle Verbände in einem Gleichrang, in einem Gleichschritt an dieser Stelle. Wenn das nicht ist, dann tritt dieses Risiko automatisch ein. Insoweit glaube ich, ist der Wirksamkeitsdialog an dieser Stelle auch eine Herausforderung für den Zusammenhalt des Landesjugendrings. Denn der Landesjugendring kann innerverbandliche, einzelverbandliche Strukturen nicht beeinflussen, das ist auch gar nicht seine Aufgabe. Aber er wird sich als Vertreter der Jugendverbände dann positionieren und das wird etwas kompliziert und schwierig. Von daher hoffe ich, dass dies nur, ich sage mal, noch nicht überwundene Probleme sind, die aber überwunden werden.

Ein zweites Risiko kann natürlich objektiv auftreten, indem im Kontext von Haushaltsveränderungen auch die Landesmittel verändert werden. Aber immer dann, da würde ich Jörg Richard Recht geben, wenn eine zu enge Nähe des Wirksamkeitsdialogs zu finanziellen Konsequenzen entstehen würden, dürften Akzeptanzprobleme entstehen. Und wir ganz plötzlich sagen würden, der eine Verband erhält mehr, weil er sich bestimmten Zielgruppen mehr zuwendet als der andere Verband.

Jörg Richard: Es geht nicht nur um die Frage der Binnenverteilung unter den Verbänden. Der gesamte Prozess Wirksamkeitsdialog ist natürlich sofort in Frage gestellt, wenn das Gesamtvolumen des Landesjugendplans abgesenkt werden sollte. Das wäre in die Verbände und die ehrenamtlichen Strukturen hinein überhaupt nicht mehr zu vermitteln. Warum sollten die Verbände bei feststehenden Einschnitten in die Förderung dann noch mit der Landesregierung einen diesbezüglichen Dialog führen?

Wolfgang Beywl: Es geht auch darum, dass bestimmte Tatbestände oder Daten vorliegen, die nun interpretiert werden; d.h.: Wie wird erklärt, dass die Datenlage so zustande kommt, wie sie vorliegt. Und: Wie wird das Faktum bewertet, dass die Altersmischung oder die nach Nationalitäten beim Träger A so ausfällt und beim Träger B so? Es ist aus meiner Sicht sehr wünschenswert, wenn Interpretation und Bewertung für bestimmte wahrscheinliche Fälle von Erhebungsergebnissen im Wirkungsdialog vorher geklärt und ausgehandelt sind.

Christoph Gilles: Ich sehe noch ein Problem, ein Risiko für das Gelingen des Wirksamkeitsdialoges. Und zwar das Risiko, dass Verbände, Herr Schäfer hat eben so einen Verband entworfen, sich nur noch am Dialog beteiligen, weil es die Richtlinien vorsehen. Also, ein solcher Verband erhebt die Daten und macht die qualitativen Erhebungen im Rahmen der Richtlinienverpflichtung. Sonst kann das Land unter Umständen ja das Geld streichen.

Wenn den ehrenamtlichen Ebenen nicht vermittelt werden konnte, welcher Sinn und Nutzen für den Verband selbst dabei herausspringt, dann läuft der Wirksamkeitsdialog leer. Dann ist der Wirksamkeitsdialog nur ein Transportriemen in das Ministerium und in die Politik hinein und meinetwegen auch in unsere Dialogrunde.

Ein gelungener Wirksamkeitsdialog braucht aber die Rückkoppelung in die verbandliche Auseinandersetzung. Die Beteiligten müssen spüren und merken, dass sie mit den Daten aus ihren Erhebungen und mit ihren qualitativen Studien auch etwas für sich gewinnen – ansonsten können wir mit unserem Dialog einpacken. Dann machen sich Verweigerungen durch die ehrenamtlichen Ebenen breit, dann werden Daten gesammelt, die nicht stimmen, durchsetzt mit Nonsensrückmeldungen und so weiter und so fort. Und dann greift das Szenario, das Klaus Schäfer eben entworfen hat, dann bekommen wir ein knallhartes rein quantitatives, monologisches Berichtswesen. Entscheidend wird sein, wie die Verantwortlichen, die Vorstände, die Hauptamtlichen, die Macher im Verband, wie überzeugend diese Menschen wirken. Da sehe ich noch viele Risiken, das ist noch längst nicht alles geklärt. Vor allen Dingen bei großen Verbänden und sehr verschachtelten Strukturen.

Jörg Richard: Das Risiko, wie die Strukturen letztendlich mit den Ergebnissen des Wirksamkeitsdialoges und darauf resultierenden Veränderungsprozessen umgehen, ist eins, welches alle drei Partner betrifft. Herr Schäfer hat für die Landesregierung ja schon reflektiert, dass es auch Einflussfaktoren gibt, die möglicherweise über den Wirksamkeitsdialog nicht zu steuern sind oder vom Wirksamkeitsdialog nicht zu beeindrucken sind. Das Gleiche trifft auch für die Landesjugendämter als Mitglieder der „kommunalen Familie" zu. Das ist die Aufgabe aller Verantwortlichen, in den jeweils eigenen Strukturen dafür zu sorgen, dass der Wirksamkeitsdialog, so wie er von seiner Philosophieher her angedacht und konzipiert ist, auch umgesetzt wird.

Wolfgang Beywl: Obwohl das Gespräch nicht zu Ende ist sollten wir es an dieser Stelle abschließen. Wir haben etwas länger diskutiert als geplant und ich wünsche mir, dass möglichst viele spätere Leser und Leserinnen aus seiner Wiedergabe in der geplanten Veröffentlichung ein Stück Orientierungswissen über den Hintergrund und die Perspektiven des Wirksamkeitsdialoges beziehen.

Die Autorinnen und Autoren

Bestvater, Hanne, geb. 1959. Ausbildung als Lehrerin, 1982 beteiligt an der Gründung der Bildungsstätte wdöff, seit 1987 Geschäftsführerin und Trainerin von wdöff training &beratung, in Kooperation mit UNIvation e.V., Köln (ehemals Arbeitsstelle für Evaluation, Uni Köln); Anleitung von Evaluationen und Selbstevaluationen im Kinder- und Jugendhilfebereich, Coaching und Organisationsberatung.

Beywl, Dr. Wolfgang, geb. 1954. Sozial- und wirtschaftswissenschaftliche Studienabschlüsse, Jugendarbeit/Kommunalpolitik, fortgebildet zum Organisationsberater beim Cleveland Gestalt Institute; Evaluationsfortbildungen für das Bundesjugendministerium (mit Maja Heiner), den Jugendhof Vlotho und den Landesjugendring NRW, wissenschaftlicher Leiter von UNIvation, Institut für Evaluation und wissenschaftliche Weiterbildung e.V., Köln; seit Gründung Vorstandsmitglied der Deutschen Gesellschaft für Evaluation.

Erdmann, Wulf, geb. 1960. Ausbildung zum Dipl.-Sozialarbeiter/-pädagogen an der Gesamthochschule Kassel, seit 1993 Bildungsreferent der SJD – Die Falken – Unterbezirk Dortmund, 1999 Wahl zum Mitglied des Rates der Stadt Dortmund und zum jugendpolitischen Sprecher der SPD-Fraktion, eine Tochter.

Fischer, Elke, geb. 1970. Ausbildung zur Dipl.-Sozialpädagogin an der Kath. Fachhochschule Freiburg. Seit 1995 beim Erzbischöflichen Jugendamt Freiburg als Bildungsreferentin innerhalb der verbandlichen und nichtverbandlichen kirchlichen Jugendarbeit tätig.

Gilles, Christoph, geb. 1958. Pädagoge und Dipl.-Sportlehrer. Leiter des Sachgebietes Jugendhilfeplanung, Fortbildung und Modellförderung im Landesjugendamt Rheinland. Von 1992 bis 2000 Fachberater für den Bereich der Jugendarbeit im Landesjugendamt, u. a. Moderator des Wirksamkeitsdialoges Verbandliche Jugendarbeit. Vorher mehrjährige Praxiserfahrungen in der Offenen Jugendarbeit und der Jugendsozialarbeit. Arbeitsschwerpunkte: Konzeptentwicklung und Qualitätssicherung, Kooperation Jugendhilfe und Schule.

Jendral, Susanne, geb. 1967. Ausbildung zur Dipl.-Sozialarbeiterin an der GHS Essen. Seit 1992 Bildungsreferentin der SJD – Die Falken – Landesverband NRW mit den Schwerpunkten Projektmanagement und Fachberatung.

Mecklenburg, Roland, geb. 1961. Ausbildung zum Dipl.-Sozialpädagogen an der Ev. Fachhochschule Kaiserswerth/Bochum. Seit 1991 Bildungsreferent der Arbeitsgemeinschaft der Evangelischen Jugend in NRW mit dem Schwerpunkt Jugendpolitik, Mitglied des Vorstandes des Landesjugendringes NRW e.V. und des Landesjugendhilfeausschusses Rheinland. Verheiratet, ein Sohn.

Richard, Jörg, geb. 1960. Ausbildung zum Dipl.-Sozialpädagogen an der GHS Essen. Seit 1991 Landesgeschäftsführer der SJD – Die Falken – Landesverband NRW, Vorsitzender des Landesjugendringes NRW e.V., Mitglied des Landesjugendhilfeausschusses Westfalen-Lippe.

Schäfer, Klaus, geb. 1945. Sozialarbeiter, Dipl.-Pädagoge, 2. Bildungsweg; langjährige ehrenamtliche Tätigkeit in der verbandlichen und offenen Jugendarbeit; nach dem Studium 1977 bis 1979 Tätigkeit als Bildungsreferent bei SJD – Die Falken – Landesverband Nordrhein-Westfalen; 1979 bis 1989 Geschäftsführer der Arbeitsgemeinschaft für Jugendhilfe, Bonn; seit 1990 zunächst Referatsleiter „Grundsatzfragen der Jugendpolitik" im Ministerium für Arbeit, Gesundheit und Soziales NRW, seit 1997 Gruppenleiter „Jugend" im Ministerium für Frauen, Jugend, Familie und Gesundheit NRW.

Schneid, Theo, geb. 1948. Industriekaufmann, Sozialarbeiter und Dipl.-Sozialwissenschaftler, 1971 bis 1983 in der kommunalen Jugendarbeit in Bremen und Duisburg tätig. 1983 bis 1991 Erziehungsurlaub und Studium der Sozialwissenschaften. Seit 1991 Bildungsreferent bei der SJD – Die Falken – Landesverband NRW mit dem Arbeitsgebiet Landesjugendplan, Evaluation und Fachberatung. Zurzeit nebenamtlich Lehrbeauftragter im Fach Soziale Arbeit und Erziehung an der Universität Duisburg.

Wonik, Martin, geb. 1959. Verheiratet, 2 Kinder, 1978 Abitur, 1989 2. Staatsexamen Sport und Geografie, Sek. II, 1990 Staatlich anerkannter Dipl.-Sozialpädagoge, seit 1992 Mitarbeiter Sportjugend NRW, zurzeit stellvertretender Geschäftsführer des Geschäftsbereiches Öffentlichkeitsarbeit, Gesellschaftliche Aktionsfelder und Jugendbildung des Landessportbundes NRW, Mitglied im Vorstand des Landesjugendringes NRW.